历史的天空

历史上的离奇迷案

历 史 的 天 空

历史上的离奇迷案

王 晶 编著

吉林出版集团有限责任公司 | 全国百佳图书出版单位

◆ 前 言 ◆

历史到底遗留了多少谜团？或许连历史自己也不知道。只是在不断探索这些未解之谜的真相的过程中，人们愈发体会到：历史是玩捉迷藏的高手，它为了增加游戏的刺激性，不动声色地安排好种种真相的藏身所，风化了证据，抹掉印迹，却将一大堆谜团、传闻、揣测抖落出来。然后，带着一抹诡异的笑，旁观着世人的争吵与愁容。

你知道蚩尤复杂的身世么？你知道商纣王的暴君真相么？你知道老子的"出关之谜"么？你知道那个为秦始皇寻找长生不老药的徐福东渡之谜么？你知道那个备受唐玄宗宠爱的杨贵妃的生死之谜么？

很多时候，你在书本里得到的知识并不是历史的全部真相，比如郑和七下西洋真正原因，我们通过大量的史实去还原那个时代的背景，从中你会得到一个清晰的答案。

还有，那个不可一世、大权在握的武则天，为什么在自己的墓碑上却没有刻上一个字，千古之谜，我们一一展现，并给你一个客观真实的解释。

这些令人感到困惑不解的事件和现象广泛而真实地存在着，有些是人类当前的认知能力和科技水平所不能完全解释的，有些是其真实面目被历史尘封，还有些则是由于当局者的刻意隐瞒和篡改，它们所散发出来的神秘魅力，像磁石一般吸引着人们好奇的目光，并激发起人们探求其真相的强烈兴趣。

在对种种谜团的破译和解析过程中，人们不但能够获得知识上的收益，还能得到愉快的精神体验。

本书介绍了古今中外的未解之谜，精彩的传说、谜团，让人们身临其境，难以解开的未解之谜，令读者感慨其中。

在神秘的历史世界中探寻真相。这些离奇谜案事实、真相留给世人无限思考。阅读本书可增长中小学生的课外知识、开阔视野。

◆ 目 录 ◆

◆ 目 录 ◆

历史的天空

历史上的离奇迷案

◆ 目　录 ◆

◆ 目 录 ◆

历史的天空

历史上的离奇迷案

蚩尤复杂的身世之谜

中华始祖

　　蚩尤是中华始祖之一。相传蚩尤面如牛首,背生双翅,是牛图腾和鸟图腾氏族的首领。他有兄弟八十一人,都有铜头铁额,八条胳膊,九只脚趾,个个本领非凡。上古时代九黎族部落酋长,关于他的身份,有各种不同的解释。约在 4600 多年以前,黄帝战胜炎帝后,在今河北涿鹿县境内,展开了与蚩尤部落的战争——涿鹿之战,蚩尤战死,东夷、九黎等部族融入了炎黄部族,形成了今天中华民族的最早主体。

　　河北省涿鹿县境内现存有轩辕丘、蚩尤坟、黄帝泉、蚩尤三寨、蚩尤泉、八卦村、定车台、蚩尤血染山、土塔、上下七旗、桥山等遗址遗存。具体可详阅《涿鹿县志》《史记》《水经注》等文献史料。

神话人物

　　《初学记》卷九引《归藏·启筮》云:蚩尤出自羊水,八肱八趾疏首,登九淖以伐空桑,黄帝杀之于青丘。其后《龙鱼河图》云:"蚩尤兄弟八十一人,并兽身人语,铜头铁额,食沙石子",《述异

9

记》云:蚩尤"食铁石","人身牛蹄,四目六手,耳鬓如剑戟,头有角"。

而云:"蚩尤兄弟八十人"或七十二人者,则神之蚩尤又类人间——巨人部族。

而《皇览·冢墓记》复云:"蚩尤冢,在东平郡寿张县阚乡城中,高七丈,民常十月祀之。有赤气出如匹绛帛,民名为蚩尤旗。肩脾冢,在山阳巨野县重聚,大小与阚冢等。

传言黄帝与蚩尤战于涿鹿之野,黄帝杀之,身体异处,故别葬之;又传言:黄帝杀之实一蚩尤部将,在蚩尤重伤陷绝境处舍身换穿蚩尤衣,为主撞山崖自杀。追兵至,辨衣着为蚩尤。真蚩尤葬于涿鹿矾山镇";《封禅书》记齐祀八神,"三曰兵主,祀蚩尤"。蚩尤遂终以战神形象,载入史册。

身世之谜

蚩尤与炎帝的关系相当复杂,说法各异。一种观点认为,蚩尤可能一度臣属于炎帝或曾经加入以炎帝为首的部落联盟。但后来蚩尤与炎帝发生激烈冲突,并大败炎帝。

以夏曾祐、丁山、吕思勉为代表的一些史学家,认为蚩尤即炎帝。他们以《水经注》对涿水的记载为主要根据,考证出蚩尤、黄帝对战的"涿鹿"和炎黄对战的"阪泉"实为一地。两次大战实为同一次,而蚩尤与炎帝之所指也便相同了。另外,蚩尤和炎帝都以牛为图腾,这与蚩尤在后世的图腾形象一致。

而另一种观点提出,蚩尤为炎帝之后。二者属于同一部族,均为部族或其首领的称号。则黄帝先在阪泉之野击败炎帝部族,蚩尤部族作为炎帝后代,为报仇而与黄帝大战于涿鹿,战败之后,首领擒杀,部分族人则归顺黄帝为臣。

蚩尤与黄帝在长期以儒家思想为主流的中国社会中,一向强调"正统"观念,史家又多有"成王败寇"的传统。黄帝战蚩尤逐渐被描述为正义与邪恶的战争,以《史记·五帝本纪》为代表,流传甚广。

在非儒家文献如《逸周书》《山海经》中对蚩尤与黄帝交战的描述则相对客观。在道家经典《庄子》中,更借盗跖之口,对蚩尤多有同情,而谴责黄帝。

另外,蚩尤与黄帝除敌对关系外,还可能有过臣属关系。黄帝曾使蚩尤主管金属冶炼,辅佐少昊。春秋时期齐国名相管仲则把蚩尤说成黄帝"六相"之首,地位甚高。战国时代的韩非也有类似的记载,但更具神话色彩。

蚩尤与九黎、三苗蚩尤乃九黎首领,记载颇多,偶有争议。蚩尤代表的九黎与另一部落集团三苗的关系,根据《尚书》与《国语》等多种古籍及其传、注记载,三苗出自九黎,而为九黎之后。九黎战败,族人流散,演

蚩尤塑像

变为三苗。但是多有学者提出异议，认为九黎和三苗并无渊源。

另一种解释是，蚩尤是部落联盟军事首领的共同称号，因而既是炎帝后裔，又是两暤集团首领，也是九黎之君，后来三苗集团也加以袭用。

蚩尤与东夷今人常称蚩尤是东夷的首领。其实"东夷"是商、周时代"华夷五方"格局形成后的称呼，时代较蚩尤晚得多，或曰东夷乃蚩尤之后，更为恰当。

后世子孙蚩尤败于黄帝，族人四散。后世可能与之相关的民族有苗族、汉族、羌族等。

蚩尤冢

商纣王的暴君真相

商末君主

帝辛,名受,后世人称商纣王。为帝乙少子,以母为正后,辛为嗣。帝辛天资聪颖,闻见甚敏,才力过人,有倒曳九牛之威,具抚梁易柱之力,深得帝乙欢心。帝辛继位后,重视农桑,社会生产力发展,国力强盛。发起对东夷用兵,打退了东夷向中原扩张,把商朝势力扩展到江淮一带,国土扩大到山东、安徽、江苏、浙江、福建沿海。帝辛于公元前1075年即位,公元前1046去世,在位30年,后世评价褒贬不一。

继位后,帝辛重视农桑,社会生产力发展,国力强盛。他继续发起对东夷用兵,打退了东夷向中原扩张,把商朝势力扩展到江淮一带。特别是讨伐徐夷的胜利,把商朝的国土扩大到山东、安徽、江苏、浙江、福建沿海。帝辛对东南夷的用兵,保卫了商朝的安全。

毛泽东在评价帝辛时说:"其实纣王是个很有本事、能文能武的人。他统一东南,把东夷和平原的统一巩固起来,在历史上是有功的。"帝辛统一东南以后,把中原先进的生产技术和文化

向东南传播，推动了社会进步和经济发展，促进了民族融合，郭沫若在一首诗里说："但缘东夷已克服，殷人南下集江湖，南方因之渐开化，国焉有宋荆与舒。"

历史传说

帝辛，是商族人，或者说是商国的人称呼自己的国君的叫法。因为国君的名字就叫辛。按照现已发现的甲骨和史书的资料来看，商王朝的帝王的名字，一直是以天干命名的。而商帝国的人在称呼君主时，便是在名字前加一个帝字，如帝祖甲、帝文丁、帝太丁、帝武丁等等。

商人之所以将自己的君主称为帝，而不是像夏王朝一样称为后，这是和商王朝的祖宗一元神教有关。在商汤灭夏，建立商朝之后，集王权、神权于一身，既是君主，又是祭司，在灭夏之时，按《尚书》的说法，是打着天命的大旗的。天命为什么在商汤一边，解释起来有些费力。因而自商汤起，经不懈努力，终将原始的多神教改造成祖宗一元神宗教。商人尊自己的祖先帝俊，据现代人考证，即帝喾，即三皇五帝中的一帝。在《史记·五帝本纪》列黄帝、颛顼、帝喾、唐尧、虞舜为五帝。

由于祖先是上帝，主管一切神灵，因而护

商纣王塑像

佑商人便顺理成章。而且，历代商王死后，都要回到祖先身旁，"在帝左右"，成为沟通人间和上帝的桥梁和纽带。因此，后代会像尊敬祖先一样，将逝去的先王亦称为帝。

质疑猜测

这些对帝辛肆无忌惮的抹黑，早就引起一些有识之士的质疑与反驳。在现存的典籍记载中，首先旗帜鲜明地指出这一点的，是孔子著名的大弟子子贡。针对一拥而上抹黑帝辛的现象，子贡一针见血地指出：纣之不善，不如是之甚也。是以君子恶居下流，天下之恶皆归焉。

到了现代，质疑与反驳声势愈演愈烈。胡适做了一篇论文《说儒》，指出《诗经·商颂·玄鸟》诗中"武丁孙子，武王靡不胜"，"肇域彼四海，四海来假，来假祁祁"，"殷受命成宣，百禄是荷"，是歌颂商族中的一个

商王帝辛画像

伟人，但武丁之后无人有此武功，于是便将之作为"悬记"而安在了孔夫子的头上。这一来引起大争论。

冯友兰指出，武丁之后是存在一位武功极盛的君主

纣王之墓

的，且以考古、甲骨等材料佐证，但未言其姓名。

而郭沫若亦着《驳说儒》，予"悬记"以批判并指出：这个人就是帝辛。商纣王这个人对于我们民族发展上的功劳倒是不可淹没的。商代末年有一个很宏大的历史事件，便是经营东南，这几乎完全为周以来的史家所抹杀了。

在牧野大战后，商人被周人压迫，道路是向着帝乙、帝辛两代经略出来的东南走。更透辟地说一句，中国南部之所以早被文化，我们是应该纪念商纣王的。因此，在商人心目中一定不会把商纣王看得来和周人所看的那样。他们就要称他为武王，要纪念他，其实都是说得过去的了。

郭沫若曾亲临殷商故地，更是感慨不已："殷辛之功迈周武，殷辛之恶莫须有。殷辛之名当恢复，殷辛之冤当解除。"并大声赞扬："百克东夷身致殒，统一神州肇此人。中原文化殷创始，殷人鹊巢周鸠居。"彻底为帝辛翻案并疾呼。

历史的天空

历史上的离奇迷案

传国玉玺和氏璧之谜

销声匿迹

传国玉玺，又称传国玺、传国宝，为秦以后历代帝王相传之印玺，乃奉秦始皇之命所镌。其方圆四寸，上纽交五龙，正面刻有李斯所书"受命于天，既寿永昌"八篆字，以作为"皇权神授、正统合法"之信物。嗣后，历代帝王皆以得此玺为符应，奉若奇珍，国之重器也。得之则象征其"受命于天"，失之则表现其"气数已尽"。凡登大位而无此玺者，则被讥为"白版皇帝"，显得底气不足而为世人所轻蔑。

由此便促使欲谋大宝之辈你争我夺，致使该传国玉玺屡易其主，辗转于神州赤县凡2000余年，忽隐忽现，然终于销声匿迹，至今杳无踪影，辄令人扼腕叹息。

"完璧归赵"

"传国玉玺"就材于"和氏之璧"。春秋时，楚人卞和在山中得一璞玉，献与厉王。王使玉工辨识，云为石也。王怒，以欺君罪刖卞和左足。后武王即位，卞和复献玉，仍以欺君罪再刖右足。及文

17

王即位,卞和抱玉坐哭于荆山之下。

文王遣人问询,曰:"吾非悲刖也,悲夫宝玉而题之以石,贞士而名之以诳。"文王使良工剖璞,果得宝玉,因称和氏璧。威王时,相国昭阳灭越有功,王以此和氏璧赐之。旋昭阳在水渊畔大宴宾客赏璧,是时有人大呼:"渊中有大鱼!"众人乃离室临渊观之,回席后和氏璧竟不翼而飞。当时疑为门人张仪所窃,于是拘仪而严加拷问无果。

张仪受此凌辱,怀恨在心,便一气之下,离楚入魏,再入秦,秦惠文王后元十年,拜为秦相,乃游说诸国联秦背齐,复以使节身份入楚,瓦解齐楚联盟。后拘怀王,克郢都,尽取楚汉中之地,终于得报此仇。

后此璧为赵国太监缪贤所得,旋被赵惠文王据为己有。秦昭王闻之,"遗书赵王,愿以十五城请易璧",当时秦强赵弱,赵王恐献璧而不得其城,左右为难。蔺相如自请奉璧至秦,献璧后,见秦王无意偿城,乃当朝力争,宁死而不辱使命,并以掷璧相要挟,终致秦王妥协,得以"完璧归赵"。

秦王政十九年,秦破赵,得和氏璧。旋天下一统,嬴政称始皇帝。命李斯篆书"受命于天,既寿永昌"八字,咸阳玉工王孙寿将和氏之璧精研细磨,雕琢为玺。传国玉玺乃成。

据传,秦王政二十八年,秦始皇乘龙舟过洞庭湖,风浪骤起,龙舟将倾,秦始皇慌忙将传国玉玺抛入湖中,祈求神灵镇浪。玉玺由此失落。而八年后,华阴平舒道有人又将此传国玺奉上。自是,其随江山易主凡不下数十次,尽尝坎坷流离之痛楚。

秦子婴元年,沛公刘邦军灞上,秦王子婴跪捧玉玺献于咸阳道左,秦亡。传国玺得归刘汉。西汉末年,外戚王莽篡权,时孺子婴年幼，玺藏于长乐宫太后处。王莽遣其弟王舜来索，太后怒而詈之，并掷玺于地，破其一角。王莽令工匠以黄金补之。及莽兵败被杀，禁卫军校尉公宾得传国玺，趋至宛，献于更始帝刘玄。更始帝刘玄三年，赤眉军杀刘玄，立刘盆子。后刘盆子兵败宜阳，将传国玺拱手奉于汉光武帝刘秀。至东汉末年，宦官专权。灵帝熹平六年，袁绍入宫诛杀宦官，段珪携帝出逃，玉玺失踪。

至献帝时，董卓作乱。孙坚率军攻入洛阳。某日辰时，兵士见城南甄宫中一井中有五彩云气，遂使人入井，见投井自尽之宫女颈上系一小匣，匣内所藏正是传国玉玺。孙坚如获至宝，将其秘藏于妻吴氏处。后袁术拘吴氏，夺玺。袁术死，荆州刺史徐璆携玺至许昌，时曹操挟献帝而令诸侯，至此，传国玺得重归汉室。

汉献帝延康元年，献帝被迫"禅让"，曹丕建魏，改元黄初。乃使人于传国玺肩部刻隶字"大魏受汉传国玺"，以证其非"篡汉"也，实乃欲盖弥彰。魏元帝曹奂咸熙二年，司马炎依样而行，称晋武帝，改元泰始，传国玺归晋。晋永嘉五年，前赵刘聪俘晋怀帝司马炽，玺归前赵。

十九年后，后赵石勒灭前赵，得玺。更别出心裁，于右侧加刻"天命石氏"。二十年后，再传冉魏，后冉魏求乞东晋军救援，传国玺为晋将领骗走，并以三百精骑连夜送至首都建康，由此，传国玺乃重归晋朝司马氏囊

和氏璧

中。

南朝时,传国玺历经宋、齐、梁、陈四代更迭。隋一统华夏,将传国玺收入隋宫。大业十四年,隋炀帝杨广被杀于江都,隋亡。萧后携太子元德携传国玺遁入漠北突厥。

唐初,太宗李世民因无传国玉玺,乃刻数方"受命宝""定命宝"等玉"玺",聊以自慰。

贞观四年,李靖率军讨伐突厥,同年,萧后与元德太子背突厥而返归中原,传国玺归于李唐,太宗龙颜大悦。

唐末,天下大乱,群雄四起。唐天佑四年,朱全忠废唐哀帝,夺传国玺,建后梁。十六年后,李存勖灭后梁,建后唐,传国玺转归后唐。又十三年后,石敬瑭引契丹军至洛阳,末帝李从珂怀抱传国玺登玄武楼自焚,传国玺就此失踪。

后周太祖郭威时,遍索传国玺不得,无奈镌"皇帝神宝"等印玺两方,一直传至北宋。北宋哲宗时,有农夫名段义者于耕田时发现传国玺,送至朝廷。经十三位大学士依据前朝记载多方考证,认定乃始皇帝所制传国玺。而朝野有识之士多疑其伪。至北宋末年,徽宗好风雅,增刻印玺十方,时人有画蛇添足之讥,其实徽宗似有淡化传国玺地位之深意在其中也。

李世民像

宋靖康元年,金兵破汴梁,徽钦二帝被掠,传国玺被大金国掠走,其后便销声匿迹。

元至元三十一年,世祖忽必烈崩。传国玉玺忽现于大都,叫卖于市,为权相伯颜命人购得。伯颜曾将蒙元收缴各国之历代印玺统统磨平,分发给王公大臣刻制私人印章。传国玉玺亦恐在其中而遭不测。

元至正二十八年,朱元璋在建康称帝,号大明,改元洪武。继而北伐,蒙古元廷弃中原而走漠北,继续驰骋于万里北疆。明初,太祖遣徐达入漠北,穷追猛打远遁之残元势力,其主要目的便是索取传国玉玺,然最终还是无功而返。

明清两代,时有"传国玉玺"现身之鼓噪,然皆附会、仿造之赝品。如明孝宗时,曾有人进献所谓"传国玉玺",孝宗认定其为赝品而未采用。至清初时,紫禁城藏御玺三十有九,其中一方即被称作"传国玉玺"。而乾隆时,高宗皇帝颇好考据,钦定其为赝品。但权且以假当真,聊以充数,亦无深究者。

民国成立,清廷退位,但依优待条件,仍盘踞紫禁城而称孤道寡。直至民国十三年,末代皇帝溥仪被冯玉祥驱逐出宫,此"传国玉玺"复不见踪影。当时冯部将领鹿钟麟等人曾追索此镶金玉玺,至今仍无下文。

由是,历经两千余年风风雨雨、扑朔迷离,"传国玉玺"数隐数现,最终湮没于历史的漫漫长河之中。皇帝亦淡出中国历史,更无所谓"白版"不"白版"矣。

千年谜团

不论传国玉玺是否是用和氏璧琢制的,秦始皇统一中国后,

确实曾令玉工雕琢过一枚皇帝玉玺，称之为"天子玺"。据史书记载，此玺用陕西蓝田白玉雕琢而成，螭虎钮，一说龙鱼凤鸟钮玉玺上刻文是丞相李斯以大篆书写的"受命于天，既寿永昌"八字。

在湖北省阳新县北部大冶湖南岸，父子山下太子镇有个樟铺村，距村不远的半山腰上有一座千年古刹，名曰沙湾寺，在该寺发现了一座建筑

刘邦塑像

奇特的古墓，相传古墓的主人就是传奇人物《了凡四训》的作者了凡大师。无独有偶，在太子镇东部海拔400多米的筠山的深处，也有一座古刹，该古刹建在荆山上玉印洞旁，相传这里就是当年卞和发现和氏璧的地方。

现存有"玉印洞"。碑文记载：和氏璧是卞和在古刹后的山洞里发现后才三献楚王的。相传，山洞有一天然石桥，传说卞和年轻时是医生，经常走村串户到处采药，听说长江边有名贵的药材，于是不远千里顺长江来到黄桑口，黄桑口的人也不知什么地方有好药材，只说我们这里到处是山，卞和于是上山寻找。

翻过大牙山后，卞和见这里山势雄伟，一问都说这里就是荆山，卞和就在这里住下，经常上荆山采药，有次采药碰到下雨，卞

和避雨休息于山洞，朦胧中发觉有一只喜鹊攀在洞壁处，闪闪发光，认为是宝石，于是凿下此石块，献给楚王，楚王不识，卞和被作为骗子而被砍足。后来和氏璧为无价之宝，制成镇国玉玺。

卞和献宝后就在荆山山洞居住，并继续下山行医，被他治好病的网湖姑娘娥眉见卞和人品高尚，遂生爱慕之心，时常上山看望，愿意以身相许，但卞和以身体残疾为由拒绝。气得娥眉姑娘将采来的莲蓬丢在来的山路上，传说这些莲蓬化为石头，堆成一座山，叫莲蓬山。娥眉姑娘后来出家，在荆山南边建庙，隔沟相望。

荆山山村——传说发现和氏璧的地方

关于和氏璧的来历，《韩非子》中只说卞和得璞于荆山，而荆山究竟在何处？

查阅有关资料。其一，湖北南漳县说。其二，湖北阳新说，据《中国古今地名大辞典》载："荆山在湖北阳新县北五十里荆山"，并引《舆地纪胜》云："为卞和得珍之所"。其三，安徽怀远县说。其四，安徽芜湖县说。

以上四种说法，都有其一定的根据和道理，但其中恐怕后人附会的成分更多一些。因此，和氏璧真正得于何处，恐怕将是个千古之谜。

老子的"出关之谜"

出关典故

历史记载，老子晚年乘青牛云游天下，传讲道家学说以经国济世、开化西域。西行途中老子在函谷关被关令尹喜挽留著书，写下了中国思想史上的千古名篇、洋洋五千言的《道德经》。

老子，姓李名耳，字伯阳，又称老聃，中国古代伟大的哲学家和思想家，道家学派的创始人。老子曾在周国都洛邑任藏室史，相当于现在的国家图书馆馆长，故博学多才。孔子周游列国时曾到洛邑拜访过老子，也就是史说的"孔子问礼"。

老子观依山傍水、峰峦起伏，风景异常优美，遂在此驻足，并结草为履修行说经，遗址即今存的楼观台。老子羽化后葬于距楼观台八千米的西楼观，故有学者将此地定为道教的发源地。

另一类说法是老子出关后骑着大青牛继续西行，再往后就音信全无。有人说老子出散关，经流沙奔印度去了。还有人说晚年的老子在甘肃临洮落脚，为归隐的老者教炼内丹、养生修道，得道后在临洮超然台"飞升"。

第三种说法认为，老子不是西去，而是东归。《庄子·天道篇》中有一段记载，叙说了老子从周王朝离职后便"归居"了。老子的

故乡,位于今天的河南省鹿邑县,故称"东归"。老子东归的事在《庄子》《韩非子》《吕氏春秋》,及儒家著作《礼记·曾子问》中都有记载。

以目前所掌握的史料来看,只有老子退隐后东归的说法有文献根据,其他的说法,还有待学术界提供新证据。

有史实记载,老子曾西出函谷关,被关令尹喜,强而著书,留下了中国思想史上的巨著五千言《道德经》。而后就骑着一头大青牛,继续西行,则没了消息。这个引起很多考古学家和历史学家的兴趣,至今没有得出很确凿的证据。有人说经流沙奔印度去了,并说老子到印度传教,教出了释迦牟尼这样的大弟子。

历代不少人认为此说只是道教为了抬高自己贬低其他宗教而捏造出来的。而有人说晚年的老子在甘肃临洮落脚,为归隐老者教炼内丹,养生修道,得道后在临洮超然台"飞升"。而又有人胡乱猜测,说那时治安差,有可能被人半路打劫,导致意外身

老子雕像

亡。

还有一种说法则认为老子不是西去，而是东归。《庄子·天道篇》有一段记载，叙说了老子离职后便离开周室而"归居"了。老子的故乡位于今天的河南省鹿邑县，离孔子所在的曲阜不远。孔子还曾拜访过老子，也就是传说中的"孔子问礼"。这件事不论是在《庄子》《韩非子》《吕氏春秋》，还是在儒家著作《礼记·曾子问》中都有记载，说明老子退隐后东归的说法比较可靠。

老子学说

老子在函谷关前著有五千言的《老子》一书，又名《道德经》或《道德真经》。《道德经》《易经》和《论语》被认为是对中国人影响最深远的三部思想巨著。《道德经》老子道德经分为上下两册，上下共五千字左右。

《道德经》是后来的称谓，最初老子书称为《老子》而无《道德经》之名。其成书年代过去多有争论，至今仍无法确定，不过根据1993年出土的郭店楚简"老子"年代推算，成书年代至少在战国中前期。

关于《老子》这部书的产生时间，一般认为是在战国时期，其中虽有一些老子本人的思想，但它更多地表现了战国时期的特征。此书分上、下篇共5000多字。后人称上篇为《道经》，下篇为《德经》，合称《道德经》。近年长沙马王堆出土的帛书《老子》则先《德经》而后《道经》。

《老子》是一本道家的哲理书，但它具有一定的文学性，对后世文学的影响不小。它主要阐述自然无为思想，其中包含了不少对立转化的朴素辩证观点。在形式上，此书是语录体韵文，语言精练，多排比对偶之句。如"祸兮，福之所倚;福兮，祸之所伏"，"民之饥，以其上食税之多，是以饥;民之难治，以其上之有维是以难治;民之轻死，以其上求生之厚，是以轻死"，其修辞凝练，音节铿锵，理虽玄远，文实多姿。其修辞比况，多为后世文士所取法。

古今注《老子》者多家，魏王弼《老子注》多言玄理，最为通行。清人魏源《老子本义》掘其意蕴。近人马叙伦《老子校诂》详于章句训诂。

太极广场

《老子》以"道"解释宇宙万物的演变，以为"道生一，一生二，二生三，三生万物"，"道"乃"夫莫之命而常自然"，因而"人法地，地法天，天法道，道法自然"。"道"为客观自然规律，同时又具有"独立不改，周行而不殆"的永恒意义。

《老子》书中包括大量朴素辩证法观点，如以为一切事物均具有正反两面，"反者道之动"，并能由对立而转化，"正复为奇，

老子像

善复为妖"，"祸兮福之所倚，福兮祸之所伏"。又以为世间事物均为"有"与"无"之统一，"有、无相生"，而"无"为基础，"天下万物生于有，有生于无"。此外，书中也有大量的民本思想："天之道，损有余而补不足，人之道则不然，损不足以奉有余"；"民之饥，以其上食税之多"；"民之轻死，以其上求生之厚"；"民不畏死，奈何以死惧之"。其学说对中国哲学发展具深刻影响。

《道德经》现有 640 多种各种不同文字的版本，其发行量仅次于西方世界的《圣经》。在德国，每个企业职工人手一册《道德经》；在中国，《道德经》有 670 种不同的注本。据《中国文物报》报道，2000 多年来，为《道德经》作注者达 3000 余家。凭借仅仅5000 余言的《道德经》，老子被美国《纽约时报》列为全世界十大古代作家之首。

老子文产生于中国春秋末期，史经周景王变法、战国纷争、秦始皇"焚书"和汉武帝对老子"绝其道",其诸多版本仍然传抄、传印了2500多年！这个历史奇迹用汉武帝下属司马迁《史记》解释说：是老子见周朝将亡，隐居到边关，为关尹写的五千余言道德文章。这难以令人信服！周王室的诸多古籍都没流传下来，而一位所谓的"古代图书馆长"在边关写的文章，竟在交通不便的古代传文全国、流传百世？纯属无稽之谈！历史上肯定是掩盖了周朝末期一次重大的历史事件，以及老子的其人其事。

经过对先汉史料的逻辑考证，认为历史上周朝春秋末期所谓的"王子朝之乱"实际是"单穆公之乱"。"王子朝之乱"是中国历史上一桩最大的冤假错案。它的主要矛头就是针对老子文和景王变法，并因此引发了一场以单穆公为首"亲下以谋上"的反变法派对以周景王、斌起和王子朝为首的官道理论变法派的大屠杀和中国两千多年的理性黑暗，这在先秦的《左传》《国语》等史科中均有记载。

老子文是公元前 522 年周景王改革周朝 300 年来政策钦定的"令德"，因为这一年《左传》记载：鲁大夫闵子马公开攻击周朝不学周礼，歪曲老子改革周礼的"无学"理论是"不学"。

老子文也是公元前 522 年周景王无射钟的律文，因为这一年《国语》中记载单穆公反对景王铸无射，他攻击老子文"有狂悖之言，有眩惑之明，有过慝之度……三年之中而有离民之器二焉，国其危哉"。也因为钟上的律文无先后之分，造成了帛书抄本"德经"在先，而其他抄本"道经"在先的差别。正因为以上的原因，战国时期的韩非子才称老子文是"老子贵虚静而重变法"，说单穆公政变是"亲下以谋上"，说老子文是《周书》，留传下了春秋末期各国的不同抄本。

后世影响

老子文是春秋末周朝变法的纲领、中华的《义经》，由于公元前524年景王的突然去世，单穆公才得手勾结晋国政变，实现了大贵族的霸道对追求为民作主的王室、旧臣和百工的野蛮残杀！

至此，中国这头雄狮才沉睡了两千多年，周朝理想才成为痛苦生活中的普通中国人的一种慰藉的梦幻。人民怀念他们，把他们称为中国的神，把老子奉为"太上老君"。

老子生于周灵王时，曾与太子晋和景王怀有同样的变法抱负；职于周景王时，曾任建设大臣"司空"、主笔周朝变法纲领；死于周敬王时，曾适楚、离周去秦问祖归宗。

老子生于公元前570年左右，约比孔子大二十岁，是他的老师。老聃是王族，《左传·定公四年》说："武王之母弟八人，周公为大宰，康叔为司寇，聃季为司空，五叔无官。"家族世袭周朝司空之职。《史记·管蔡世家》说："武王既崩，成王少，周公旦专王室，封季载于冉。"冉即聃，因此季载又君称聃季——聃国的君主，老聃就是这一事实的继承人，因此又官称老君。

因封地在南之沛泽——聃国彭地，后人又称他地主名老彭和彭祖。"李耳"是汉武帝反黄老之道时，对"聃季"两字各去一半的贬义反称，无先汉依据。老子曾任周景王司空，"单氏取周"后离周去秦问祖归宗，死于泰国。

老子画像

我们现在所见到的《道德经》，在战国时韩非子称为《周书》，在秦时《吕氏春秋·注》称为《上至经》，在汉时则直呼《老子》，《史记》始称"老子著书上下篇，言道德之意。"汉景帝以黄子、老子义礼改子为经，杨雄《汉志·蜀王本纪》说"老子为关尹喜著《道德经》"，《边让老子铭》说"见迫，遗言道德之经。"

可见，对老子文最早的称谓，是韩非子的《周书》。周时，晋国师旷称此举为"修《义经》"，周太子晋说是"立义治律"。最近，安徽涡阳县郑店村考古发掘出老子在楚国时居地，有关尹墓和圣母墓及圣人老子石像，有春秋时陶制井壁及"敕撰""混元降诞"等残片。

依据这些线索，我们很容易找到《周书》——老子文与2520年前周景王"铸无射"钟的关系：因为当时各诸侯国抄写铸在圆钟上的《周书》顺序和六书文字不同，造成流传到现在的汉墓帛书《德经》先于《道经》而其他传本《道经》先于《德经》，以及文字等差异的根本原因。其他理由无解。

老子的社会哲理博大精深，主张辨而不辩、知无创有、公乃王，目的是完善社会精神和机遇建设，他是古今少有的社会辩证逻辑大师。

老子像

西施的生死之谜

历史典故

西施天生丽质,婀娜迷人,浣纱时鱼见其美而忘记了游水,渐沉于水底,故誉其有"沉鱼"之美。

事实上,"沉鱼落雁"是个成语,通常认为出自《庄子·齐物论》:"毛嫱、丽姬,人之所美也,鱼见之深入,鸟见之高飞,麋鹿见之决骤,四者孰知天下之正色哉。"原意是说动物不能感受人的美貌。也有人认为唐代宋之问歌咏西施的《浣纱篇》"鸟惊入松萝,鱼畏沈荷花。"是这个成语的出处,故为沉鱼代表西施。

据说,当年越国选美,西施名列榜首。在进京途中,行人争相围观,结果造成交通堵塞,寸步难行。护送西施的越国相国范蠡,见此盛况,心生一计,索性叫西施住进路旁旅社的一幢华丽小楼,而后四处张榜:欲见美女者,付金钱一文。

告示贴出,四下轰动。西施登上朱楼,凭栏而立,飘飘然似仙女下凡。观赏者排成长龙,为一睹西施芳容,慷慨解囊,有的竟付两三次之多,真是百看不厌。三天下来,范相国所得金钱无数。进京后,他把这些钱都交到国库。西施因此仰慕范蠡的才智和品德,两人遂结为生死之交。范蠡的举措,不折不扣地为后代的"美

女经济"开了先河。

珍珠被人类利用已有数千年的历史,传说她是西施的化身。西施本是月宫中嫦娥的掌上明珠,她奉玉帝之命,下凡来拯救吴越两国黎民百姓脱离连年战乱之苦,珍珠便是她的化身。

原来嫦娥仙子有一颗闪闪发光的大明珠,十分逗人喜爱,常常捧在掌中把玩,平时则命五彩金鸡日夜守护,唯恐丢失。而金鸡也久有把玩明珠的欲望,趁嫦娥不备,偷偷将明珠含在口中,躲到月宫的后面玩赏起来,将明珠抛上抛下,煞是好玩。但一不小心,明珠从月宫滚落下来,直飞人间。金鸡大惊失色,为逃避责罚,也随之向人间追去。

嫦娥得知此消息后,急命玉兔追赶金鸡。玉兔穿过九天云彩,直追至浙江诸暨浦阳江边上空。正在这一天,浦阳江边山下一施姓农家之妻正在浦阳江边浣纱,忽见水中有颗光彩耀眼的明珠,忙伸手去捞,明珠却像长了翅膀似的径直飞入她的口中,并钻进腹

西施塑像

内。施妻从此有了身孕。

一晃 16 个月过去了，女子只觉得腹痛难忍，但就是不能分娩，急得她的丈夫跪地祷告上苍。忽一日只见五彩金鸡从天而降，停在屋顶，顿时屋内珠光万道。恰在这时，只听"哇"地一声，施妻生下一个光华美丽的女孩，取名为西施。故有"尝母浴帛于溪，明珠射体而孕"之说。

西施长大后，化解了吴越两国的仇怨之后，就化作珍珠留在人间，为黎民百姓的健康长寿、养颜美容继续作出贡献。自此诸暨变成了世代养殖珍珠之乡而驰名中外，这一传说至今已有 2500 多年的历史。

素有"沉鱼"之誉的西施虽然美丽，但是脚却比一般人的大，于是她想方设法地掩盖这个缺点，因为她喜欢跳舞，所以她经常穿长裙，又为自己特制了一双木屐，结果因为鞋子高了一块，不但看不出来脚大，还因为走路时左右摇摆，加之长裙飘飘，反而格外地突出了娉婷身材，翩翩风姿。

西施是中国历史上的四大美人之一，也是人们所熟悉的著名

吴王宝剑

美人计的主角。但是大家并不一定知道西施同时还是历史上著名的舞蹈家。西施是春秋时期著名的宫廷舞蹈家。越王勾践为了颠覆吴国的政权，设计把美丽的西施姑娘当作礼物送给了吴王夫差。

吴王首先被西施的美貌所倾倒，当知道西施擅长舞蹈时，命人将御花园的一条长廊的地下挖空，然后放进大缸，如同现代的共鸣箱，上面再铺好漂亮的木板。西施在裙边缀满了小巧的铃铛，穿上木屐，每当她的木屐在地板上踩步时，脚下就会发出有节奏的"叮叮当当"的回声，裙边的小铃铛也会跟着响起"叮叮当当"清脆悦耳的声音，加上她的美貌和优美的舞姿，迷倒了吴王。吴王拥着美人，把西施跳的舞蹈称为"响屐舞"，并把这个长廊命为"响屐廊"。

西施患有心口疼的毛病。有一天，她的病又犯了，只见她手捂胸口，双眉皱起，流露出一种娇媚柔弱的女性美。当她从乡间走过的时候，乡里人无不睁大眼睛注视。

这一天，东施看到西施捂着胸口、皱着双眉的样子竟博得这么多人的青睐，因此回去以后，她也学着西施的样子，手捂胸口，紧皱眉头，在村里走来走去。哪知这丑女的矫揉造作使她样子更加难看了。

结果，乡间的富人看见丑女的怪模样，马上把门紧紧关上；乡间的穷人看见丑女走过来，马上拉着妻、带着孩子远远地躲开。人们见了这个怪模怪样模仿西施心口疼，在村里走来走去的丑女人，简直像见了瘟神一般。这个丑女人只知道西施皱眉的样子很美，却不知道她为什么很美，而去简单模仿她的样子，结果反被人讥笑。

吴国灭亡

说吴越争霸,不可不提西施;说勾践从奴仆到霸主的曲折而又辉煌的奋斗史,也不可不提西施。这倒不是西施为勾践灭吴献上了什么锦囊妙计或立下了赫赫战功,而是因她是勾践实施文种亡吴九术中的一件重要工具,并且是个名满天下,流芳百世的绝色美女。

西施与王昭君、貂蝉、杨玉环,为中国古代四大美女,而西施又名列四美之首。其实,这四个姑娘,既未留下照片,也未留下画家写真,更别说她们美到什么程度,连鼻子眼睛嘴巴是啥样儿,都没谁见过。对这几位美女的认识,全靠后世文人墨客的文字描写,或一些画家凭借自己的想象所作的四美肖像。

古代四大美女形象

西施等人之美,其实已经成为一个符号,成为一个中国人公认的美的名牌。

西施只因吴国终被越国所灭,而且西施是被越国派往吴国的,她肩负着让吴王夫差荒淫腐败沉湎美色与刺探吴国政治军事机密的光荣使命,因此,被后世赞之为巾帼英雄、爱国女杰……然而,若勾践复仇并未成功,吴国乃为晋、齐、鲁、楚等国所灭,西施恐怕就不会有上述美名,而很可能被正统史学家、文学家打入"祸水"的行列。

西施入吴后，夫差被她迷得神魂颠倒，春秋宿姑苏台，冬夏宿馆娃宫，整天与西施玩花赏月，鸣琴赋诗。灵岩山上有一眼清泉，夫差常让西施对泉水梳妆，他亲为美人梳理秀发。

他又与西施泛舟采莲，或乘画船出游，或骑马打猎，总之沉醉于美色，以姑苏台、馆娃宫为家，把国家大事丢在脑后。伍子胥求见，往往被拒之门外，唯太宰伯嚭常侍左右。因此他所能听到的，皆阿谀奉承之声。无数史例证明，大家伙一旦到此地步，也就离垮台不远矣。

西施既然与夫差形影不离，对于吴国的政治斗争、军事机密，也就无所不知，且伺机向越国传递她所得到的情报，以致被今天一些精于考证的史学家称之为中国历史上的头号间谍。她挑拨吴国的君臣关系，特别是夫差与伍子胥的关系，只要稍微吹一吹枕头风，杀伤力比伯嚭说上一大堆谗言谮语不知大上多少倍。夫差赐剑令伍子胥自杀，恐怕也少不了她一份功劳。

勾践的大军能长驱直入，直抵吴国都城，让夫差无还手之力，与西施小姐把夫差迷得晕头转向荒废军政密切相关。因此可以说，西施是勾践灭吴雪耻的功臣之一。明代西施祠有楹联云："越锦何须衣义士，黄金祇合铸娇姿。"便是对西施在越国灭吴中的功劳的肯定。

死因之谜

当勾践灭了吴国，夫差被逼自杀之后，西施这位中国古代第一美女，也就失去了利用价值，而她的下场，比文种还要悲惨。

西施的英雄事迹或曰传奇经历，正史不载，故越国灭吴后，

西施的下落，只能从其他史籍中寻得踪迹：《墨子·亲士》称："是故比干之殪，其抗也；孟贲之杀，其勇也；西施之沈，其美也；吴起之裂，其事也。"

《吴越春秋·佚文》称："吴亡后，越浮西施于江，令随鸱夷以终。"《吴地记》称："嘉兴县南一百里有语儿亭，勾践令范蠡取西施以献夫差，西施于路与范蠡潜通，三年始达于吴，遂生一子。至此亭，其子一岁能言，因名语儿亭。

《越绝书》称："西施亡吴国后，复归范蠡，同泛五湖而去。"《东周列国志》称："勾践班师回越，携西施以归。越夫人潜使人引出，负以大石，沉于江中，曰：'此亡国之物，留之何为？'"

四部书中，唯唐人陆广微所著《吴地记》，说西施随范蠡私奔，后世文人也据此写出了许多戏剧、小说，或影视剧，说范蠡初识西施，两人就动了情矣；或说勾践为了使西施能够身在吴国心在越，时刻不忘为国复仇的神圣使命，特地将她许配给范蠡，以拴住她的芳心。如此一来，吴国灭亡后，西施与范蠡"同泛五湖而去"，也就成了一个才子与佳人的爱情故事，并且有了一个"有情人终成眷属"的大团圆结局，也是景仰英雄爱慕美人的大众所最愿意看到的喜剧。

然而，《吴地记》这段文字却经不起推敲。吴越两国的首都，相距仅数百里，范蠡奉勾践之命，送西施入吴，竟然走了三年，并且在途中生下一子，而且在孩子长到一岁能说话时，才走到嘉兴县南一百里处。若如此，范蠡岂不拿国家大事当儿戏？生过孩子的西施是否还有把夫差迷倒的魅力？范蠡回国如何向勾践复命？而"西施灭吴后，复归范蠡……"一语，也不见于《越绝书》，作者不过是假托此书，编自己的故事。可见作者是根据民间传说，一

越王楼

厢情愿地解释"语儿亭"这一地名的来历而已。《史记》与《吴越春秋》均称,范蠡出逃时连妻子都未带走,若他却带着西施"同泛五湖而去",也未免太不近情理。

其余三书,都称西施沉江而死,只是凶手将她沉江的手段有所不同。东汉范晔所著《吴越春秋》称:"越浮西施于江,令随鸱夷而去。"鸱夷,是皮革制成的口袋。当年夫差派人送属镂剑,令伍子胥自杀,伍子胥于自刎之前对执友说:"我死后,你一定要在我坟头种上梓树,等树长大后好做棺材;再挖出我的双眼,挂在吴都东门上,我要看着越人入都灭吴!"

夫差闻之大怒,把伍子胥的尸体装进皮袋,投入江中,拍掌笑曰:"这下你可就什么都看不到啦!"越国处死西施的手段,与其相似,也是将她装入皮袋,投入江中,令其在江涛中漂流直到沉没。至于是将她缢死后装进皮袋,还是活活塞进皮袋投入江

西施故居

中，范晔未作交代。

西施既是绝色美女，又是越国灭吴的功臣，没有勾践之命，越国的文臣武将是不敢随便将其处死的。勾践为何要处死西施？也许是因他觉得为达到复仇目的而使用美人计，过于下作，要杀人灭口；也许是因为本国的绝代佳人被夫差占有，而自己却不能享受，心怀嫉妒；也许是西施知道吴越之间的秘密太多，不杀恐留后患；也许是范蠡与西施确有旧情，灭吴后，西施将重新回到范蠡的怀抱，勾践觉得作为一国之君，自己得不到的，他人也别想得到。

清代蔡元放所著《东周列国志》的记述，就不仅仅是处死西施的手段，而是蕴含着令人想象的故事情节了。

勾践早在范蠡将西施从苎萝山载回都城时，就垂涎她的美色，但为了雪耻灭吴，只好强忍色欲，忍痛割爱了。而吴国已灭，夫差已死，大仇已报，也就可以大张旗鼓地把美女接回来，供自己享受。

假设西施被送往吴国时 18 岁，接回时不过 38 岁。西施身为吴国王后，整天喝各种滋补养颜的高级口服液、使用各种美白去皱的高级化妆品，一定保养得很好，美色不减当年。反正西施既是越国派往吴国做地下工作的爱国女青年，又是越国的战利品，无论怎么说，都应该把她接回祖国。

如此，西施的归来，非常明显地威胁到了越夫人的地位，虽然出身不高，但西施的美貌、贡献，以及作为"战利品"的分量都是不容质疑，西施自然成了越夫人的眼中钉，欲除之。

但她怕杀掉了老公的心头肉，以后不好交代，便打出爱国的旗号，发表告老公及满朝文武书："这种亡国的祸水，还留着她作甚？"她一把干掉情敌的行动上升到关系国家生死存亡的高度，不但勾践先生干瞪眼，满朝文武也只有干瞪眼矣。

《东周列国志》毕竟是历史演义，蔡元放先生又是清朝人，居战国时代太远，所述故事虽然顺理成章，但西施是否被勾践的太太所杀，却缺乏有力的史证。

而墨翟先生则生活于战国末期，勾践灭吴后数年，又把国都迁至琅邪，墨翟先生对吴越争霸的历史应有很多的了解，书中所言，更有权威性。他将西施之死与比干、孟贲、吴起并列，以证他们都是因为自己过人的美德、才干、长处而死，而西施的惨死，是因其美貌所致。

文种死后，勾践为了做表面文章，还为他造了高规格的巨墓，而西施却被沉于江中，死不见尸，连她为之献身效命的祖国的一抔黄土都不占有，因此她的下场，比文种更加悲惨。

徐福的东渡之谜

历史背景

清人丘琼山《纲鉴合编》曾云："始皇既平六国，凡平生志欲无不遂，唯不可必得志者，寿耳。"一些方士投其所好，编织神仙之说，声称海上有仙人仙药，吃了仙药便可长生不死。徐福就是这种情况下航行入海的。

公元前 219 年，秦始皇第二次出巡，大队人马在泰山封禅刻石，又浩浩荡荡前往渤海。抵达海边，秦始皇登上芝罘岛，纵情游览。只见云海之间，山川人物时隐时现，蔚为壮观，尤令秦始皇心驰神往。这种景象本来是海市蜃楼，但方士为迎合秦始皇盼望长生的心理，将其说成传说中的海上仙境。

徐福趁机给秦始皇上书，说海中有蓬莱、方丈、瀛洲三座仙山，有仙人居住，可以得到长生仙药。秦始皇大为高兴，随后根据徐福的要求，派众男、童女数千人随他出海求取仙药。他本人也在此流连忘返，等候徐福佳音。然而，等来的只是徐福空手而归。

徐福自称见到海神，海神以礼物太薄，拒绝给予仙药。对此，秦始皇深信不疑，增派童男童女 3000 人及工匠、技师、谷物种子，令徐福再度出海。秦始皇则不肯离开，一直等候 3 个月，不见

徐福消息，才怅然而回。

其后几年中，秦始皇又派燕人卢生等入海寻求仙药，也是一无所获。公元前210年，秦始皇第五次出巡，再次来琅琊。当年徐福入海寻找仙药，已经九年过去，一直未来归报。当即派人传召徐福，徐福连年航海，耗费很大，担心遭到重谴，奏告秦始皇："蓬莱仙山确实有仙药，出海时常遇大蛟鱼阻拦，所以不能到达。请派弓箭手一同前往，见到大蛟鱼用连弩射击。"秦始皇下令入海时带足渔具，自己也准备了连弩。海船由琅琊启程，航行数十里，经过荣成山，再前行到芝罘时，果然见到大蛟鱼，当即连弩齐射，大蛟鱼中箭而死，沉入海底。

秦始皇认为此后当可无虞，又命徐福入海求仙药。这次，秦始皇再也等不到徐福音讯了。当年秦始皇病死于沙丘，而徐福

秦始皇出巡群雕

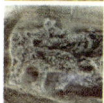

"得平原广译，止王不来"，一去再也不回了。

民间版本

2200多年前，秦始皇取得了至高无上的权力，为了永久享有这样的权力，他妄想得到长生不老之术。于是，不断派人去寻求长生不老的仙药。一次，在秦始皇到泰山封禅完后，东巡路过龙口，当时还叫作黄县，在当地一把手的安排下，方士徐福以地方名流的身份晋见了皇上，并随团继续考察。到了琅琊的时候，徐福正式上书说渤海中有三神山，里面住着神仙，吃了山里的仙药，个个长生不老，他愿意赴汤蹈火，为皇上取仙药。

秦始皇很高兴，给了他很多金银财宝，命他入海求仙。但没多久，徐福就回来了，说，他见到了神仙，但是神仙嫌礼薄，需要美好的童男女和各种工匠用具作为献礼，才能得到仙药，秦始皇遂派500童男女随徐福再次出海。第二年再次东巡，顺便来找徐福，虽然路上遇到了刺客张良用大铁锤袭击，但躲过一劫的他仍按原计划到达琅琊，可惜没见到徐福。

他再见到徐福的时候已经是十年后，他的第三次东巡。徐福依然没有找到仙药。他的解释是这样的：本来就要拿到仙药了，但是海上有大鱼护卫仙山，功败垂成。这次，秦始皇亲目率领弓箭手到海上与大蛟鱼搏斗，杀了条大鲨鱼，兴冲冲的回去了，想这下子可好了，徐福终于可以拿到仙药了。但是，他还是没有等到仙药，在返回咸阳的路上，就病死了，他的手下为了篡位，秘不发丧，全国人民都不知道，没有了借口的徐福一时也骑虎难下，于是在公元前210年，他带着浩浩荡荡的求仙团队漂洋过海，寻找虚无缥缈的三神山和灵丹妙药。从此，再未回到中原。

东渡影响

徐福首次渡海的出发地，是在山东半岛南端的琅邪。琅邪是当时的一个古港，早在春秋时，这一带的航海家们就从这里出海，航达朝鲜半岛，而后顺半岛沿岸航行，经过对马岛到达日本九州。

第二次出海的始发港，由于尚没有找到史书详细记载而说法不一。徐福村人传说是农历的十月十九日，从他的家乡赣榆下海。另一个说法是在山东崂山。还有一种说法是，徐福第二次出海走的仍是第一次的航线，也是在琅邪。这是根据《史记·淮南衡山列传》而得知的。因为在《史记·淮南衡山列传》中称，徐福第二次航海时，诈称仙人索取"百工之事"，遂"资之五谷种种百工而行"。

如据此推断，徐福有可能走的仍是上次的旧航路。不仅如此，而且也由此我们得知徐福二渡日

徐福塑像

本，带去了古代中国的"百工之事"，如汉字、中草药和水稻种植等许多文化和科学技术。

徐福东渡日本，促成了一代"弥生文化"的诞生。那时，日本还没有文字，也没

徐福纪念碑

有农耕。徐福给日本带去了文字、农耕和医药技术。为此，徐福自然成了日本人民心目中的"农神"和"医神"。这是随着考古及两国人民之间的交往逐步被发现和发掘的。近年来，在日本福冈县板付的考古遗址中，又发现了碳化米粒遗存，经碳十四测定，与在朝鲜半岛釜山金海地区发现的碳化米为同一类型。说明在同一个历史时期，日本人民开始了农业生产，尤其是水稻种植。

在同一时期，日本也开始使用青铜器和铁制生产工具以及丝织品等，而且开始有了文字。所有这些，都与此前的日本绳纹文化没有任何传承关系。日本学界、考古界公认：弥生文化源于中国北方沿海文化。这也是日本文字为什么和汉字相似的缘由。

弥生文化起源于日本绳纹文化之后，由于最先是在日本东京弥生町发现出土而定名。它起自公元前二百多年，至公元三百多年之间，相当于中国的战国末年及秦汉时期。在弥生文化遗址中，还出土了大量的铜剑、铜铎等。铜铎以中央日本为多，铜剑则大多在九州。日本学界认为，加工这些器物的原料和技术来自中国。

在弥生町遗址中，还出土了中国古钺、古镜和秦式匕首和汉字等。日本人喜欢葫芦都与中国入海的方士有关。

日本学者村新太郎著文，盛赞中国稻米传入日本的重大意义。他说："稻米拯救了日本列岛饥饿的人们。无论如何稻米要比其他一切都值得感谢。米与牲畜、贝类不同，可以长久贮藏。不久，村落形成了国家。"稻米的传入，结束了日本的渔猎生活，开始了农耕。那么，日本始终把徐福奉为"农神"和"医神"当在情理之中。

据统计，在日本的徐福遗迹有50多处。清代驻日使馆参赞黄遵宪写有"避秦男女渡3000，海外蓬莱别有天。镜玺永传笠缝殿，倘疑世系出神仙"一诗，并注有"日本传国重器三：曰剑、曰镜、曰玺，皆秦制也。"

日本新宫有徐福墓，还有1071字的墓碑。新宫市内更有制作和销售"徐福天台乌药""徐福寿司""徐福酒"等商品的。在速玉神社内，陈列着徐福所用过的鞍、蹬等物。新宫蓬莱山内还有

秦始皇出巡群雕

"徐福神龛"，被称为"徐福之宫"。每年都有"御船祭""灯祭"等，都是祭祀徐福的活动。传说日本还有500年一度的"徐福大祭"。

《史记》中称，徐福为

徐福塑像

"齐人""方士"，燕、齐海上之方士。这些海上的方士精通航海知识并具有丰富航海经验。像战国时的燕国宋毋忌、羡门子等高等方士，都能亲自驾船远航。

《史记·封禅书》说："天下名山八，而五在中国，三在夷蛮。"这里所说的"三在夷蛮"的名山，便是所谓的"三神山"。这是战国方士们都极其向往的地方，曾争言之于皇帝，这当然也是皇帝所求之不得的好事。

徐福东渡，在2000多年前是空前的壮举。但由于徐福第二次扬帆东渡一去不归，致使这个航海事件带有神秘色彩。

杨贵妃的生死之谜

名字由来

杨玉环名字《旧唐书》与《新唐书》里没有写,《资治通鉴》里也没有明确记载,《长恨歌传》只说她是"杨玄琰女"。唐大中九年,也就是杨贵妃死后大约100年,郑处诲编撰的《明皇杂录》里才第一次提及:"杨贵妃小字玉环",后人沿用至今。

对此,有一种不同的说法,郑嵎的《津阳门诗注》里说:"玉奴,太真小字也"。郑处诲和郑嵎都是唐人,生活年代也差不多,而且都是进士出身,所以他们的说法都有可信的理由。当然,也可能这两个名字都属杨美人,一个是真名,一个是昵称。但在电视剧《杨贵妃秘史》中,杨玉环幼时的名字却叫杨玥儿。是真是假,现仍是说不清楚。

玉奴这个名字理解起来倒是不难。唐代有一个称谓习俗,给小孩起名字时,最后一个字往往喜欢带上"奴"字,除了杨贵妃的小名玉奴外,唐高宗小名叫雉奴,玄宗手下有个歌者叫念奴,白居易的小弟小名叫金刚奴,李白的儿子小名明月奴,不胜枚举。其中的奴,是当时对小孩的一种爱称,并无实意,谁起名字都可以用,杨贵妃的小名玉奴,实际就是小玉、玉儿的意思。按照唐代

当时的习俗来释解谜团，杨贵妃的真实姓名应该把最后一个爱称去掉，就叫"杨玉"。

杨贵妃叫"杨玉"，"玉娘"的解释也会迎刃而解。清代赵翼在《陔余丛考》中说，娘子，本少女之称。他还举出《唐书》中的例子说，杨贵妃初入宫，有宠，宫中号曰娘子，"是皆以娘为少女之证也"。开元二十八年十月，未被册封的杨某被度为女道士，时年22岁，说她是一个少女，是完全行得通的。天宝四年，她应召还俗立为贵妃后，人们正式称她杨贵妃。她立贵妃前的"玉娘"称谓，可理解为小女玉儿。这个称谓可是给足了玄宗面子，因为他"父夺子妻"后，当时杨某是女孩还是女人，至今还是个争论不休的话题。

不管是玉奴还是玉娘，"玉"应该是杨贵妃名字的核心，"奴"和"娘"只是附在名字后面的一种虚称，表面上看这两个名字都很俗，所以在世人的记忆中也像天上的行云一样慢慢地淡化，后来人们通用的则是郑处诲的"玉环说"。如果问杨贵妃叫什么？肯定有许多人不知道玉奴和玉娘，但几乎不会有人不知道杨玉环的。如果前面所说的杨贵妃真实姓名就叫杨玉，那么，"玉环"的"环"又作何解释呢？

从字典中查找"环"的本义，很难解释玉环的环。不过从史料中惊人地发现，环这个字，有时还被古人用作肥胖的替代词。如果真是如此，这不正和杨贵妃的一身肥肉相吻合吗？这真是一个耐人寻味的新发现。环"就是胖的说法，其实就隐藏在"环伟"一词中，这是古人形容一个人高大肥胖时最爱用的一个词。

她"姿质丰艳"是出了名的，古书中用一个"丰"字概括她的外表，正是说明了她是一个正宗的杨胖妞儿，如果改用另一个字

"环"来形容她的外表,绝对是有异曲同工之妙的。举一反三,套用对玉奴、玉娘的解释方法,玉环的"环",在杨贵妃名字中可以看作是一个爱称,也可以当作一个戏称,它是用来形容杨贵妃的三围大、吃得胖的。

总之,杨贵妃"玉奴""玉娘""玉环"这三个名字的真实性是勿庸质疑的,其中的奴、娘、环三个字的功能都是一样的,是不同时期对杨贵妃名字的一种个性装饰。玉奴,是她儿时的爱称;玉娘,是她册封前的尊称;玉环则是她册封贵妃、身体发福后人们对她的戏称。杨贵妃的真实姓名应该叫"杨玉",如果"杨玉说"的观点无可争议,那么,出自苏东坡的成语典故"环肥燕瘦"也得改一改了,而中国汉语辞典中最新诞生的成语将是"玉肥燕瘦"。

贵妃秩事

有一次,杨贵妃恃宠骄纵,得罪了玄宗,被玄宗谴归娘家。可是,贵妃出宫后,玄宗饮食不进,高力士只得又把她召回来。750年,贵妃偷了二十五郎的紫玉笛,独吹自娱。事发,以忤旨又被送

杨贵妃塑像

出宫外。贵妃出宫后，剪下一绺青丝，托中使张韬光带给玄宗，玄宗大骇，又令高力士把她召回。张祜《分王小管》诗云："金舆还幸无人见，偷把分王小管吹。"

杨贵妃知道玄宗没有她便寝食不安，于是更为骄纵，杨家"出入禁门不问，京师长吏为之侧目。"时人有"生女勿悲酸，生男勿喜欢"之谣。

杨贵妃，她有倾城倾国之美，天生丽质，又精通音律，擅歌舞，并善弹琵琶。以致唐玄宗对她宠爱有加。

那位万人之上的大唐皇帝为了博得"后宫佳丽三千人，三千宠爱在一身"的杨贵妃的欢心，每逢荔枝季节总要委派专人通过每五里、十里的驿站从四川驰运带有露水的新鲜荔枝。宫中的享受又是极其奢侈，越是难得的山珍海味、稀世奇宝越要进贡，除荔枝外，另有一美酒更是让唐玄宗封为宫廷御酒，其酿酒用的水是高山上的清晨甘露，此酒具得天独厚的四川兴农酿酒之地利优势，酿出来的美酒醇香芬芳，清而不淡，浓而不艳。

"一骑红尘妃子笑，无人知是荔枝来。"当时杨贵妃在华清宫里品尝荔枝时是怎样的一番动人情景，唐玄宗每每以此美酒与其对饮，杨贵妃在唐玄宗的心目中当然更是"回眸一笑百媚生，六宫粉黛无颜色"了。从此便有这历史上这著名的一笑。"华清笙歌霓裳醉，贵妃把酒露浓笑！"那作为贡品进入宫廷的美酒，也取名为：露浓笑。

有一种小巧玲珑的花卉，它的复叶酷似芙蓉枝，点点对称，宛如鸟羽。植株上缀以数朵淡红色的小花，状若杨梅。人们用手一指，它那羽状小叶便很快闭合，叶柄也慢慢垂下，就像初涉人世的少女，因为纯洁和朴实，才那样忸怩、娇羞，所以人们都叫它

"含羞草"。

传说杨玉环初入宫时，因见不到君王而终日愁眉不展。有一次，她和宫女们一起到宫苑赏花，无意中碰着了含羞草，草的叶子立即卷了起来。宫女们都说这是杨玉环的美貌，使得花草自惭形秽，羞得抬不起头来。唐玄宗听说宫中有个"羞花的美人"，立即召见，封为贵妃。从此以后，"羞花"也就成了杨贵妃的雅称了。

含羞草"羞"于见人，是由于植物电的缘故。含羞草的叶栖基部，有一个薄壁细胞组织叫做"叶褥"，平时里面充满了足够的水分。当叶片受到刺激时，薄壁细胞里的水分，在植物电的指令下，立即向上部与两侧流去。由于叶片的重量增加，就产生了叶片闭合，叶柄耷垂的现象。含羞草植株纤细娇弱，为了生存，它在长期的自然选择中，形成了这种适应环境的特殊本领。

杨玉环以"回眸一笑百媚生，六宫粉黛无颜色"而"三千宠爱在一身"，可她也曾一时失宠而借酒浇愁，醉后忘其所以，放浪形骸。

唐玄宗先一日与杨贵妃约，命其设宴百花亭，同往赏花饮酒。至次日，杨贵妃遂先赴百花亭，备齐御筵候驾，孰意迟待移时，唐玄宗车驾竟不至。迟之久，迟之又

杨贵妃与唐玄宗浮雕

53

久。乃忽报皇帝已幸江妃宫,杨贵妃闻讯,懊恼欲死。杨贵妃性本褊狭善妒,尤媚浪,且妇女于怨望之余,本最易生反应力。遂使万种情怀,一时竟难排遣,加以酒入愁肠,三杯亦醉,春情顿炽,忍俊不禁。于是竟忘其所以,放浪形骸,频频与高力士、裴力士二太监,作种种醉态,乃始倦极回宫。

下落之谜

　　天宝中年,范阳节度使安禄山立过边功,深得玄宗宠信,令杨氏姐妹与禄山结为兄妹,杨贵妃则认禄山为干儿子。禄山以入宫谒见干娘为名,竟明目张胆地调戏起杨贵妃来。

　　杨贵妃在长安庆祝最后一次生日, 是 755 年 6 月 1 日于华清宫,玄宗令梨园置乐,于长生殿奏新曲,未有曲名,适广东南海进荔枝到,遂以《荔枝香》为曲名。同年十一月,安禄山反,玄宗仓皇入蜀,次年途经马嵬驿,军队哗变,逼玄宗诛杨国忠,赐杨贵妃自尽,时年 38 岁。白居易的《长恨歌》,就是叙述玄宗与贵妃的悲剧故事。

　　安史之乱时,唐玄宗逃至马嵬驿,军士哗变,杀死民愤极大的杨国忠,又逼唐玄宗杀死杨贵妃。玄宗无奈,便命高力士赐她自尽,最后她被勒死在驿馆佛堂前的梨树下,死时 38 岁。传说运尸时,杨贵妃脚上的一只鞋子失落,被一老妇人拾去,过客要借玩,须付百钱,老妇人借此发了财。

　　有人说,杨玉环可能死于佛堂。《旧唐书·杨贵妃传》记载:禁军将领陈玄礼等杀了杨国忠父子之后,认为"贼本尚在",请求再杀杨贵妃以免后患。唐玄宗无奈与贵妃诀别,"遂缢死于佛室"。《资治通鉴·唐纪》记载:唐玄宗是命太监高力士把杨贵妃带到佛堂缢死的。《唐国史补》记载：高力士把杨贵妃缢死于佛堂的梨树下。陈鸿的《长恨歌传》记载：唐玄宗知道杨贵妃难免一死，但不忍见其死，便使人牵之而去"仓皇辗转，竟死于尺组之下"。

乐史的《杨太真外传》记载：唐玄宗与杨贵妃诀别时，她"乞容礼佛"。高力士遂缢死贵妃于佛堂前的梨树之下。陈寅恪先生在《元白诗笺证稿》中指出："所可注意者，乐史谓妃缢死于梨树之下，恐是受香山'梨花一枝春带雨'句之影响。果尔，则殊可笑矣。"乐史的说法来自《唐国史补》，而李肇的说法恐怕是受《长恨歌》的影响。

杨贵妃也可能死于乱军之中。此说主要见于一些唐诗中的描述。杜甫于公元757年在安禄山占据的长安，作《哀江头》一首，其中有"明眸皓齿今何在，血污游魂归不得"之句，暗示杨贵妃不是被缢死于马嵬驿，因为缢死是不会见血的。李益所作七绝《过马嵬》和七律《过马嵬二首》中有"托君休洗莲花血"和"太真血染马蹄尽"等诗句，也反映了杨贵妃为乱军所杀，死于兵刃之下的情景。

杜牧《华清宫三十韵》的"喧呼马嵬血，零落羽林枪"；张祐《华

杨贵妃塑像

清宫和社舍人》的"血埋妃子艳";温庭筠《马嵬驿》的"返魂无验表烟灭,埋血空生碧草愁"等诗句,也都认为杨贵妃血溅马嵬驿,并非被缢而死。

杨贵妃之死也有其他的可能,比如有人说她系吞金而死。这种说法仅见于刘禹锡所用的《马嵬行》一诗。刘氏之诗曾写道:"绿野扶风道,黄尘马嵬行,路边杨贵人,坟高三四尺。乃问里中儿,皆言幸蜀时,军家诛佞幸,天子舍妖姬。群吏伏门屏,贵人牵帝衣,低回转美目,风日为天晖。贵人饮金屑……"

从这首诗来看,杨贵妃是吞金而死的。陈寅恪先生曾对这种说法颇感稀奇,并在《元白诗笺证稿》中作了考证。陈氏怀疑刘诗"贵人饮金屑"之语,是得自"里儿中",故而才与众说有异。然而,陈氏并不排除杨贵妃在被缢死之前,也有可能吞过金,所以"里儿中"才传得此说。

正史《旧唐书》记载:杨国忠等人被杀后,既而六军不散,玄宗遣力士宣问,对曰"贼本尚在",盖指贵妃也。力士复奏,帝不获已与妃诏,遂缢死于佛室。时年三十八,葬于驿西道侧。

上皇自蜀还,令中使祭奠,诏令改葬。礼部侍郎李揆曰:"龙武将士诛国忠,以其负国兆乱。今改葬故妃,恐将士疑惧,葬礼未可行。"乃止。上皇密令中使改葬于他所。初时以紫褥裹之,肌肤已坏,而香囊仍在。内官以献,上皇视之凄婉,乃令图其形于别殿,朝夕视之。

杨贵妃自缢死于佛堂中。陈玄礼及禁卫军的将官看着这个过程,确认杨贵妃已死后,再出来跟禁卫军士兵解释,"良久兵解"。当时杨贵妃被葬于驿站西面的道路旁边,尸体以紫色的被褥裹之。而后来玄宗密令中使改葬的时候,离杨贵妃去世已经过了一年零六个月，此时发现"肌肤已坏，而香囊仍在。"

杨贵妃墓

《新唐书》中的记载与《旧唐书》大致相同，由此可见，杨贵妃确实死于马嵬坡。后人传说贵妃没死，可能只是一种美好的愿望。

还有民间传说杨贵妃并未死于马嵬驿，而是流落于民间。俞平伯先生在《论诗词曲杂著》中对白居易的《长恨歌》和陈鸿的《长恨歌传》作了考证。他认为白居易的《长恨歌》、陈鸿的《长恨歌传》之本意，盖另有所长。如果以"长恨"为篇名，写至马嵬已足够了，何必还要在后面假设临邛道士和玉妃太真呢？职是之由，俞先生认为，杨贵妃并未死于马嵬驿。

当时六军哗变，贵妃被劫，钗钿委地，诗中明言唐玄宗"救不得"，所以正史所载的赐死之诏旨，当时决不会有。陈鸿的《长恨歌传》所言"使人牵之而去"，是说杨贵妃被使者牵去藏匿远地了。白居易《长恨歌》说唐玄宗回銮后要为杨贵妃改葬，结果是"马嵬坡下泥中土，不见玉颜空死处"，连尸骨都找不到，这就更证实贵妃未死于马嵬驿。值得注意的是，陈鸿作《长恨歌传》时，唯恐后人不明，特为点出："世所知者有《玄宗本纪》在。"而"世所不闻"者，今传有《长恨歌》，这分明暗示杨贵妃并未死。

有一种离奇的说法是杨贵妃远走美洲。著名学者魏聚贤在《中国人发现美洲》一书声称，他考证出杨贵妃并未死于马嵬驿，而是被人带往遥远的美洲。

还有一种说法认为，杨贵妃逃亡日本，日本民间和学术界有这样一种看法：当时，在马嵬驿被缢死的，乃是一个侍女。禁军将领陈玄礼惜贵妃貌美，不忍杀之，遂与高力士谋，以侍女代死。杨贵妃则由陈玄礼的亲信护送南逃，行至现上海附近扬帆出海，飘至日本久谷町久津，并在日本终其天年。在日本也有种种说法。有一种说法是，死者是替身的侍女，军中主帅陈玄礼与高力士密谋，以侍女代替，高力士用车运来贵妃尸体，查验尸体的便是陈玄礼，因而使此计成功。而杨贵妃则由陈玄礼的亲信护送南逃，大约在今上海附近扬帆出海，到了日本油谷町久津。

日本山口县"杨贵妃之乡"建有杨贵妃墓。1963年有一位日本姑娘向电视观众展示了自己的一本家谱，说她就是杨贵妃的后人。

由上述可见，随着时间的推移，关于杨贵妃之死的传说愈来愈生动，有一种论点是，这些传说离开史实也愈来愈远。这种论点认定，杨贵妃在马嵬驿必死无疑。《高力士外传》认为，杨贵妃的死，是由于"一时连坐"的缘故。换言之，六军将士憎恨杨国忠，也把杨贵妃牵连进去了。这是高力士的观点。因为《外传》是根据他的口述而编写的，从马嵬驿事变的形势来看，杨贵妃是非死不可的。缢杀之后，尸体由佛堂运至驿站，置于庭院。唐玄宗还召陈玄礼等将士进来验看。杨贵妃确实死在马嵬驿，旧、新《唐书》与《通鉴》等史籍记载明确，唐人笔记杂史如《高力士外传》《唐国史补》《明皇杂录》《安禄山事迹》等也是如此。

民间传说杨贵妃死而复生，这反映了人们对她的同情与怀念。"六军"将士们以"祸本尚在"的理由，要求处死杨贵妃。如果人们继续坚持这种观点，那么，杨贵妃就会被当作褒姒或者妲己一类的坏女人，除了世人痛骂之外，是不可能有任何的赞扬。即使她是人间什么绝色或者盛唐女性美的代表者，也不会在人们的潜意识中产生怜悯与宽恕。

　　全部的问题在于，杨贵妃事实上不是安史之乱的本源。高力士曾言"贵妃诚无罪"，这话虽不无片面，但贵妃不是罪魁祸首，那是毫无疑问的。安史之乱风雨过后，人们开始反思，总结天宝之乱的历史经验，终于认识到历史的真相。

　　民间传说自有公正的评判，对历史人物的褒贬往往比较客观。杨贵妃之死，既有其自取其咎的一面，更有作为牺牲品的一

杨贵妃墓

面。于是，人们幻想确实已死了的杨贵妃能重新复活，寄以无限的追念。

从科技发展观点看问题，杨贵妃下落谜底，离开史实一定会愈来愈近。根据具有正史参考价值的唐朝时许子真编著的《全唐文》中"容州普宁县杨妃碑记"一文所记载，杨玉环最少应有三个籍贯是不足为奇的。第一籍贯是生父杨维祖籍的容县十里乡杨外村；第二籍贯是当年在容州府后军都督署任职的义父杨康的祖籍；第三籍贯是当年在容州府任长吏的义父杨琰，杨琰祖籍陕西弘农华阴，后迁居山西蒲州永乐。

杨贵妃塑像

2004年，随着坐落在陕西省渭南市蒲城县保南乡山西村的唐代大宦官高力士墓抢救性考古发掘的完成，考证了高力士本姓冯，名元一，是当年容州府所辖14个州中的潘州人，幼年被送入宫中，赐姓高。专家在研读高力士生平的墓志铭时，意外发现当年驿马传送进宫供杨贵妃享用的荔枝是一种产自高力士与杨玉环家乡的名为"白玉罂"的优质早熟荔枝。

高力士与杨玉环同为容州都督府人氏，高力士的潘州家乡与杨玉环的容州普宁县家乡相距仅100千米，这一考古新发现，考证了"一骑红尘妃子笑，无人知是荔枝来"中的荔枝来自何处的长期争议。

历史的天空

历史上的离奇迷案

宋太祖暴毙之谜

宋太祖像

　　赵匡胤出身军人家庭,其高祖赵朓、曾祖赵珽、祖父赵敬、父亲赵弘殷都是当时著名的军事家。948 年赵匡胤投奔后汉大将郭威,因喜爱武艺,得到了郭威的赏识。951 年,他参与拥立郭威为后周皇帝,郭威就是周太祖,遂被重用为典掌禁军。

　　周世宗柴荣时,他又因战功而升任殿前都点检,掌握了后周

的兵权,兼任宋州归德军节度使,负责防守汴京。周世宗死后,其子周恭帝柴宗训即皇帝位,时仅 7 岁。赵匡胤和其弟赵匡义、幕僚赵普密谋篡夺皇位。

陈桥兵变

陈桥驿兵变是赵匡胤发动取代后周,建立北宋的著名兵变事件。后周显德六年,世宗柴荣突然一病而死,宰相范质受顾命扶助柴荣幼子柴宗训继立为恭帝。这时恭帝年仅 7 岁,后周出现了"主少国疑"的不稳定局势,一个由殿前都点检、归德军节度使赵匡胤,与禁军高级将领石守信、王审琦等人策划的军事政变计划正在密谋酝酿着。

960 年正月初一,风闻契丹和北汉发兵南下,后周执政大臣范质等人不辨真假,匆忙派遣赵匡胤统率诸军北上抵御。正月初二,赵匡胤统率大军离开都城,夜宿距开封东北 20 千米的陈桥驿,兵变计划就付诸实践了。这天晚上,赵匡胤的一些亲信在将士中散布议论,说"今皇帝幼弱,不能亲政,我们为国效力破敌,有谁知晓;不若先拥立赵匡胤为皇帝,然后再出发北征"。

将士的兵变情绪很快就被煽动起来。正月初三赵匡胤的弟弟赵匡义和亲信赵普见时机成熟,便授意将士将一件事先准备好的皇帝登基的黄袍披在假装醉酒刚刚醒来的赵匡胤身上,并皆拜于庭下, 呼喊万岁的声音几里外都能听到,遂拥立他为皇帝。赵匡胤却装出一副被迫的样子说:"你们自贪富贵,立我为天子,能从我命则可,不然,我不能为若主矣。"

拥立者们一齐表示"唯命是听"。赵匡胤就当众宣布:"回开封后,对后周的太后和小皇帝不得惊犯,对后周的公卿不得侵凌,对朝市府库不得侵掠,服从命令者有赏,违反命令者族诛,诸将士都应声"诺"！"于是赵匡胤率兵变的队伍回师开封。

守备都城的主要禁军将领石守信、王审琦等人都是赵匡胤过去的"结社兄弟",得悉兵变成功后便打开城门接应。当时在开封的后周禁军将领中,只有侍卫亲军马步军副都指挥使韩通在仓促间想率兵抵抗,但还没有召集军队,就被军校王彦升杀死。陈桥兵变的将士兵不血刃就控制了后周的都城开封。

这时后周宰相范质等人才知道不辨军情真假,就仓促遣将是上了大当,但已无可奈何,只得率百官听命,翰林学士陶谷拿出一篇事先准备好的禅代诏书,宣布周恭帝退位。赵匡胤遂正式登皇帝位,轻易地夺取了后周政权,改封恭帝柴宗训为郑王。由于赵匡胤在后周任归德军节度使的藩镇所在地是宋州,遂以宋为国号,定都开封。历史上习惯把赵匡胤建立的赵宋王朝称作北

宋太祖墓

宋，赵匡胤死后被尊称为宋太祖。这就是历史上有名的"陈桥兵变、黄袍加身"故事。这一件事，历史上称为"陈桥兵变"。

赵匡胤带领大军返回汴京。后周大臣韩通闻变，忙从内廷飞奔回家，准备组织兵力对抗。走到半路，赵匡胤部下就将他杀死。宰相范质、王溥在威胁下屈服。正月初五日下午，赵匡胤废去柴宗训，称帝，建国号为宋，定都汴京，史称北宋，建年号为"建隆"。

赵匡胤建立北宋后，眼见天下割据势力林立，便对赵普说："我睡不着觉，因为卧床以外都是人家的地盘。"在赵普的帮助谋划下，赵匡胤首先击溃了后周残余势力李筠、李重进等的反抗，然后采取"先南后北"的统一中国的策略，先后攻灭了南平、湖南、后蜀、南汉、南唐等割据政权，同时又加强了对北方契丹的防御。

历史功过

宋太祖赵匡胤一生最大的贡献和成就在于重新恢复了华夏主要地区的统一，结束了安史之乱以来长达 200 年的诸侯割据和军阀战乱局面。饱经战火之苦的民众终于有了一个和平安宁的生产生活环境，为社会的进步，经济的发展，文化的繁荣创造了良好的条件。

在我国历史上有两次名副其实的大分裂，一次是南北朝，另外一次就是五代十国，作为五代十国的终结者和大宋王朝的开拓者，赵匡胤是我国历史上一个承前启后的重要人物。

文以治国，武以安邦，宋太祖奉行"文以靖国"这一理念，果断的实行"右文抑武"的基本国策，通过设立"誓牌"，孔崇儒，完善科举，创设殿试，知人善任，厚禄养廉等一系列重大举措，成为

我国历史上最受推崇的一代文治之君,彻底扭转了唐末以来武夫专权的黑暗局面,使宋代的文化空前繁盛,以至于后人有称"宋朝是文

宋太祖墓外景

人的乐园"的称誉,因此,宋太祖也可以称得上是五代十国野蛮政治的终结者,又是后世历朝文明政治的开拓者。

赵匡胤通过采取"收起精兵,削夺其权,制其钱谷"的三大纲领,巧妙的"杯酒释兵权""削弱相权""罢黜支郡""强干弱枝""内外相维""三年一易""设置通判""差遣制度"等等,将军权、行政权、司法权、财政权牢牢控制。一举铲平了藩镇割据武夫乱政的历史状况。所以宋朝300年的历史中从不曾发生大的内乱和地方割据。

以宋太祖为首的宋初领导集团集体奋发图强,励精图治,使宋初的社会经济迅速呈现蒸蒸日上的喜人局面。宋太祖减轻徭役,赋税专收,以法治国,兴修水利,发展生产,澄清吏治,劝奖农桑,移风易俗等一系列英明决策,不仅尽快医治了200年的战争创伤,而且迅速把宋朝推向空前繁荣的局面,出现了历史上享有盛名的"建隆之治"。

后晋石敬瑭兵败,自称儿皇帝,将十六州即近代的河北和山西北部的大片领土割让给了契丹,史称燕云十六州。此后,燕云十六州一直没有得到收复,不仅使中原失去大片领土,而且使契丹轻易占领了长城一带的险要地区,此后,契丹便可以长驱直入到黄河,中间没有了天然屏障。然而赵匡胤"重文轻武"的政治策略,并没有使局面有所好转,使得北宋对北方的控制一直显得非常被动和薄弱,这也是赵匡胤执政期间留给后世最大的隐患。

离奇去世

赵匡胤靠"陈桥兵变"建立了大宋王朝,然后南征北战、苦心经营,眼瞅着自己的地盘越来越大,天下一统的局面马上就要形成,他却在自己事业最鼎盛的时候,莫名其妙地驾崩了。按照封建王朝的惯例,这老皇帝死了,接他位子的一般都是他的儿子,大儿子赵德昭已经二十九岁了,也算是个壮汉了,接老爸的位子完全没问题。但是赵匡胤死后第二天,大臣们却发现坐上皇帝宝座的不是赵匡胤的儿子,而是他的弟弟赵光义,这赵光义就是后来的宋太宗。

公元 976 年 10 月,太祖病倒,一切军政人事都委托赵匡义代理。赵匡义白天处理朝政,晚上去万岁殿探望兄长。癸丑日傍晚,天上下着大雪,赵匡义还在御书房批阅奏章。一个太监急匆匆地赶来传旨,说皇上召他快快去万岁殿。他连忙赶去,只见赵匡胤在床上气喘急促,朝着他一时讲不出话来,只是睁大眼望着门外,不知是什么意思。赵匡义命令在床边侍候的太监退出。太监们在门外远处站着,只听见殿内似乎是太祖在和赵匡义说什么话,声音隐约,时断时续,难以听清。过了一会儿,又见殿内烛光摇曳着映在墙上,时明时暗,像是赵匡义在躲闪着什么。接着有斧子戳地的声响,继而是太祖激动的声音:"你好好去做!"这时,赵匡义跑到门口传呼太监即速去请皇后,皇子前来。皇后、皇子赶来之时,太祖已经死去。

据此,后人有种种猜疑,有的说赵匡义进殿后,趁太祖昏睡时去挑逗在旁陪侍的太祖妃子费氏。太祖醒来,见状大怒,抛出斧子去击赵匡义,赵匡义闪开,斧子戳地;有的说太祖觉得有鬼缠身,赵匡义替他舞斧驱鬼,所以有斧子着地之声;有的认为是赵匡义谋杀太祖。至今这烛影斧声仍为千年疑案。

群众的眼睛是雪亮的,自北宋开始,就已经有人怀疑赵光义是通过谋杀亲哥手段上台的,其中最著名的说法就是"斧声烛影"谜案。那这"斧声烛影"到底是怎么回事?赵匡胤究竟是寿终正寝还是被谋害的?

赵匡胤病逝,总归有两个原因,一个是自己病死,一个是被他人杀害。我们如果把赵匡胤的死当作一个案子来看待的话,首先要给

宋太宗像

这个案子定性,到底是病死还是他杀?为解决这个问题,我们得先用排除法,把赵匡胤因病去世的可能性排除掉。

赵匡胤死于开宝九年十月,在驾崩前的一段时间里,史书上没有留下任何有关他生病的记录。有的观众可能要提问了,皇帝的身体健康情况是个人隐私,根本没有必要写到史书上搞得满世界都知道。这话听起来很有道理啊,但是我告诉大家,不是这样的。

古代皇帝身边总是跟着几个专门记录他言行的秘书,当然你叫他们史官也可以。这些人一天到晚别的事儿不干,就专门记录皇帝的一言一行,然后再整理成册,提供给专门机构存档。而这之中,记录皇帝的身体健康情况,是他们最重要的工作之一,古代皇帝的健康情况不是个人隐私,而是典型的公众事件,但凡有个头痛脑热的,往往要在史书上记一笔的;如果身体出现大问题,那是非常重要的政治事件,绝对不能对历史隐瞒。我们不用看别的王朝的皇帝,就拿北宋皇帝说事,赵匡胤之后的太宗、真宗、仁宗,什么时候身体出现问题了,史书上都记得清清楚楚,那史官为什么单单隐瞒赵匡胤的病历?显然不合乎情理。

只看赵匡胤没有生病记录还不行,还要证明他这一年身体没问题,我们要找些旁证。开宝九年三月,赵匡胤跑到西京洛阳去祭祀天地,顺便拜祭了祖宗的陵墓,寻访了自己的故居。并且凭着超群的记忆力,居然准确地找到了自己小时候藏起来的玩具——一匹小石头马,四十多年前他怕别人抢去玩,就把这匹石马埋在家门口的巷子里。四十多年前的事情,还记得清清楚楚,显然脑子没有糊涂,各项功能是正常的。

这还不算,他还在拜祭祖宗坟墓的时候,拉弓射箭,给自己选了块坟地。据史料记载，这一箭竟射出 400 步的距离，宋朝时期的一步相当于一米半的样子，赵匡胤射箭的距离如果换算成现在的计量单位，大概有 600 多米，一里多地，这一箭射得可真不近，没有相当的臂力，那是绝对办不到的。

从洛阳回到开封后，赵匡胤也没闲着。六月里，他步行跑到弟弟赵光义家里，看到弟弟家里吃水问题没解决好，就亲自下令在金水河安装水车，把水直接车到弟弟家里，在工程进行的过程中，他还多次到工地检查工程进度。七月里，他不仅跑到赵光义家里验收了一下自来水工程，就在这个月之内，他还到另外一个

弟弟赵廷美家里跑了三次。赵匡胤如果有个什么病啊灾啊的，他也不可能在开封城最热的月份里，这么频繁地到处串门去啊。

最离奇的是，就在赵匡胤驾崩的十多天前，他还高兴地专门去视察了京城的部队，观看了士兵们的

开封古城墙

攻城演习。开封城的十月已经不暖和了,他还能在寒冷的条件下去观摩部队训练,没有一个好身体,这事也是做不来的。

这些证据往桌面上一放,赵匡胤因身体不好而去世的说法就站不住脚了。我们离"斧声烛影"的真相就更近了一步。

赵匡胤会自杀吗?就算是身体棒棒的,那赵匡胤会不会自杀?这个事情听起来比较荒谬,但是无论中国还是欧洲,皇帝自杀不是没有先例。但是为了彻底揭开赵匡胤死亡之谜,我们还是把各种可能发生的情况拿出来分析一下。

人类自杀的理由千奇百怪,但是有两个最为常见,第一个是身体出现没法治疗的大病,丧失生活信心,想来想去还是死了比较好过一点。比如初唐大诗人卢照邻,就是因为身体久病不愈,实在受不了病痛的折磨,跳水自杀了。通过上面的分析,赵匡胤是不存在这种情况的,能射箭、能串门、能观摩军事演习,那身体绝对差不了。

那另外还有比较常见的一种自杀原因,要么遇到挫折抑郁了,或者现实压力太沉重了,实在没有办法去面对,比如明朝最后一个皇帝崇祯,人家李自成打到家门口了,自己想打打不过,想跑跑不了;古罗马著名的暴君尼禄,被元老院宣布是"人民公敌"了,是个人就可以抓住他杀了他。曾经的权力、曾经的荣耀,统统被剥夺得一干二净,神马都成了浮云了,幸福指数归零了,干脆吧,自杀。

那赵匡胤在开宝九年的幸福指数怎么样呢?首先,到这一年,他已经当了十七年的皇帝了,大宋王朝之前的整个五代,共有十三个皇帝,平均在位时间才四年多,和美国大选差不多,这里面还没有一个做得像他一样长久,可以说,赵匡胤每多当一天

历史的天空

历史上的离奇迷案

宋太祖故里

皇帝都诞生了一个新纪录，他有什么好抑郁的？而且这年正月，南唐后主李煜"垂泪对宫娥"，哭哭啼啼地被大宋的部队押到开封，赵匡胤酝酿了多年，终于把南唐这块大肥肉放到碗里，对一个皇帝来说，还有什么比征服敌对政权更开心的事情呢？

二月里，吴越国王钱俶亲自来朝见赵匡胤，赵匡胤当了17年皇帝，钱俶是第一个没有通过战争手段逼迫，而主动进京朝见的割据政权首领。放眼望去，江南的大片土地，基本上都纳入大宋朝的版图了，赵匡胤觉得心情特别舒畅。

再加上头年里，辽国那边不断地向大宋政权抛媚眼，宋辽两国虽然没有正式建立外交关系，但多年以来之间那种剑拔弩张的紧张气氛削弱了，相对而言，大宋当时的国际环境比刚成立之初宽松多了。

刚刚建立宋朝的时候，四周遍布敌对政权，搞得他经常晚上失眠，他曾因为睡不着觉，半夜跑到大臣家里去唠嗑，向人家抱怨"一榻之外，皆人家也"，意思是，自己只有一张床那么丁点大的地方，周围都是敌人。现在不同了，十八年的南征北战后，他终

于有张大床,可以睡个安稳觉了。如果说赵匡胤这个时候没有幸福感,除非他是个火星人。

关于赵匡胤的死,《湘山野录》有"烛影斧声"的说法大行于世,认为"赵匡胤被赵光义所杀"。

宋太祖赵匡胤是一位非常有人情味的开国皇帝,可惜,英年早逝,只当了17年天子,就稀里糊涂地死了。976年,他刚刚50岁。虽说,官修《宋史》对宋太祖的猝死原因做了各种各样的遮掩和粉饰,但仍通过形形色色的破绽证明:赵匡胤是被亲弟弟赵光义谋杀的。

宫廷疑案,玄机重重,未能躬逢其盛的后人,只能在故纸堆里摸"狐狸尾巴"。老谋深算的赵光义怎么能躲开这些穷追猛打的诘问呢?说他是"窃国大盗",自然有几分道理。

《宋史·本纪》热情洋溢地赞颂这哥儿俩如何情深意长、肝胆相照。赵光义病了,赵匡胤亲自到床头去服侍,烧艾草热灸的时候,哥哥唯恐烫坏了弟弟,就先在自己身上烧几下——手足深情,令人感喟。

赵匡胤常对身边的近臣夸赞赵光义说:我这位兄弟,降生的时候就和普通人不一样,仔细瞧瞧,他龙行虎步,威风凛凛,将来必定是太平天子。甚至还谦虚地表示:"福德吾所不及。"宋朝皇帝怎么了?"一把手"居然给"二把手"拍马屁!令世人狐疑的是,春秋鼎盛、耳聪目明的赵匡胤,竟然在一夜之间暴亡?好端端一个男子汉,为什么说没就没了呢?

坊间的猜测五花八门:有的说,死于饮酒过度,还有的说,因腹下肿疮发作而病亡。其实,最大的嫌疑犯就是最大的受益人是赵匡胤的政治接班人赵光义。《湘山野录》中记载,赵匡胤死前一晚,天气极寒,他跟赵光义饮酒,两兄弟一直喝到深夜。本不该留宿内廷的赵光义却厮守在皇帝身边。

当夜,赵匡胤发出莫名其妙的呼喊声,且传出"烛影斧声"。《烬余录》甚至想出了花蕊夫人与赵光义的奸情。诸多不正常疑点暴露在那个太祖驾崩之夜。赵匡义即位后,亲自主持编修《太祖实录》,并三次修改了其中一些内容。即便这样,他本人还是不太满意。为了一位死去皇帝的"起居注",至于费这么大劲吗?真是欲盖弥彰,越描越黑。

《太祖实录》忽然冒出了所谓"金匮预盟",赵光义篡位的政治基础游移、暧昧,难以服人。

《宋史》把这份神秘的"金匮预盟"描绘得有鼻子有眼——杜太后是个通情达理的女人,病危前,她把赵匡胤和丞相赵普叫到床前,留下了匪夷所思的"遗嘱"。太后认为,赵宋之所以能获取后周的江山,就是因为周世宗任用了一个小孩子当皇帝,如果是一位壮年英武的君主,绝不会出现"陈桥兵变"。

为了不让这种惨痛的历史重演,为了维护赵宋亿万年社稷,太后责令赵匡胤必须选择一位"长君"做接班人。赵匡胤痛痛快快地答应了。太后自然非常满意,遂命赵普白纸黑字记录下来,并把这份政治遗嘱当作"基本国策"珍藏在黄金宝柜里。倘

宋太祖故里

若果真如此,也算赵光义正大光明。偏偏所谓"金匮预盟"的来历非常暧昧。这可是出师有名的铁证啊!赵光义登基,不可能无视"金匮预盟"。

想想吧,有谁肯把"你办事,我放心"的"尚方宝剑"藏进胳肢窝里?有趣的是,《太祖实录》第一次编修的时候,居然未对这件重大事件做丝毫记载。《宋史》贩卖的"金匮预盟",是后来才加进去的。

仔细分析,赵光义的政治骗术漏洞百出。杜太后去世时,赵匡胤只有35岁,身体倍儿棒。赵匡义刚刚23岁,比哥哥家的儿子成熟不了多少。那时,赵匡胤的次子德昭已经11岁,四子德芳也3岁了。问题是,赵匡胤并不是立刻就死,谁知道将来会怎么样呢?也许还能享国十年、二十年……何必火急火燎地安排接班人呢?

即使赵匡胤几年后去世,也不会出现后周柴世宗七岁孤儿断送江山的局面。杜太后是个明白人,绝不可能出此下策。况且,"金匮预盟"是赵匡义登基5年后,赵普才密奏。这种驴唇不对马嘴的解释,也只能糊弄外星人。

迫不及待地更改年号,大有造成既成事实的嫌疑。按理说,老皇帝去世,新君一般继续沿用旧有年号,直到第二年,才启用新纪元。可是,赵光义根本顾不得这些"妈妈令",还没等到这一年结束,就换上了自己的年号。他冒天下之大不韪,把仅剩两个月的"开宝九年",改为"太平兴国元年"。

这种打破常规的险招儿,已将自己推上了舆论的审判台。他的动机只有一个——抢先为自己"正名"。唯恐皇帝大位被谁抢了去。提前改元的做法,遭到了史官的公开批评,《宋史·太宗本纪》拽住了赵光义的几条"小尾巴"，提前更改年号这件事名列第一。

赵光义剪除后患，将"金匮预盟"所覆盖的接班人一网打尽。即便确实存在所谓"金匮预盟"，这份文件的核心无非是提供了"兄终弟及"的合法根据。说白了，哥哥死了，兄弟干，就是不能让给小崽子。那么，有朝一日赵匡义撒手人寰，身后怎么安排，皇帝大位会不会落到自己兄弟身上？或者转而回到赵匡胤的子嗣手里？

宋太祖墓

为铲除后患，赵光义不惜对至亲骨肉大开杀戒。先说赵匡胤那一枝，"太祖四子：长滕王德秀，次燕懿王德昭，次舒王德林，次秦康惠王德芳。德秀、德林皆早亡"也就是说，最大的潜在对手是年长的德昭、年幼的德芳。再说自己的兄弟，唯一的竞争对手就是弟弟——秦王赵廷美。"欲加之罪，何患无辞？"赵光义亲自导演，将亲弟弟赵廷美、亲侄子赵德昭、赵德芳逼上绝路。

结果，赵廷美被贬房州，38岁抑郁而终；赵德昭被逼自杀，年满30岁；赵德芳像老爹一样，不明不白地暴病而死，年仅23岁。

明建文帝生死之谜

人物生平

建文帝生于公元 1377 年 12 月 5 日，是明朝第二位皇帝，年号"建文"，他是明太祖朱元璋的孙子，懿文太子朱标第二个儿子，但朱标的长子朱雄英早故，朱标原配常氏死了以后。朱允炆的母亲吕氏也得以扶正，所以明太祖朱元璋就视朱允炆嫡长孙。

洪武二十五年，皇太子朱标病死，朱允炆被立为皇太孙，由于自幼熟读儒家经书，所近之人多怀理想主义，性情因此与父同样温文尔雅，即长皆与宽大著称。洪武二十九年，朱允炆曾向太祖请求修改《大明律》，他参考《礼经》及历朝刑法，修改《大明律》中七十三条过分严苛的条文，深得人心。

1368 年 2 月，朱元璋开始为王朝定下传统，即立朱允炆的父亲朱标为太子，因为朱标是他的长子。朱元璋的目标是为皇位的合法继承树立一个正式的原则，希望以此杜绝将来在皇位继承问题上的纷争。朱标在许多方面都不像他的父亲：他性情温和而有教养，但不很勇武。明太祖虽然对他的第四子朱棣的军事才能有很深的印象，但为了王朝的利益，他仍把朱标看作最恰当的继

任人选。使皇帝震惊不已的是,朱标在他的盛年37岁时就死去。按照原则,嫡长子不在则应立嫡长子嫡长孙,但是朱标大儿子早夭,而朱元璋看到嫡长子次孙朱允炆表现得十分孝顺而很是喜欢,后来立其为太孙。

朱元璋死前密命驸马梅殷辅佐新君,遗诏命皇太孙朱允炆继位。朱元璋驾崩几天后,朱允炆于1398年6月30日在南京即位,时年21岁。他确定下一年为建文元年,并尊封他的母亲二皇妃吕氏为皇太后。关于朱允炆的个性和他在位时的国内发展情况现已无可信材料,因为建文帝时期的档案文献和起居注全遭毁灭,而私家记述又概遭禁止。

年轻的建文皇帝书生气十足而又温文尔雅,他继承了他父亲的温和好思考的脾性。他腼腆,且又毫无国政经验;且不说和他的前皇祖考相比,甚至比起他的雄才大略的叔父们,他也没有那种自信心和坚强的性格,甚至也没有那种能力。这位年轻皇帝的温顺性格和儒家教育,因此他衷心向往的是实行理想的仁政。他在政府的言论和行事上努力实行一些较大的变革,但这些变革却招致了灾难性的后果。

建文帝把三位儒家师傅引为心腹,他们是黄子澄、齐泰和方孝

建文帝像

孺。这几位老者对建文帝关于君之为君的概念起了强有力的作用。黄子澄是一个很受人尊敬的儒家学者，他在1385年举进士第一名。他在明太祖时代担任过很多官职，现在被建文帝任命为翰林学士，并参与国家政事。齐泰也是1385年的进士，是一位对经书学有大成的学者，特别精于礼和兵法。

他在洪武帝弥留之际受顾命，以护卫皇太孙和嗣君，被新皇帝任命为兵部尚书，参与国政。方孝孺早在四十来岁的初年就已经是声名卓著的学者，以文章家和政治思想家闻名，未中过举，在他很晚的岁月才开始进入仕宦生涯。建文帝即位以后被召为翰林侍讲。

这三位儒家学者以各种不同方式影响皇帝。黄子澄和齐泰变成了皇帝的心腹，用儒家的修齐治平理论教育他。他们负责研究一些新政策并付诸实施，目的是在改组帝国的行政和加强皇帝的权威。方孝孺是《周礼》——一部关于乌托邦式政府的经典著作专家，他发觉他所见到的是个人专制统治的缺点，因此他建议皇帝应该根据古代经典所提出的理想和形式来实行仁政。所有这三个人都勇敢、正直和满怀着理想。但是，他们都是书呆子，缺乏实践意识和从事公共事务的经验，也没有领导才能；他们对于问题的分析往往限于纸上谈兵，不切实际。

1399年8月，燕王朱棣誓师抗命，下谕将士，打着"清君侧"旗号起兵"靖难"。史称"靖难之役"。朝廷和燕王之间开始了一场血腥的持续三年的军事对峙。在叛乱开始的时期，燕王尚不占兵力上的优势。他的军队只有十万人；除了他的封地北京之外，他也没有能够控制任何其他领土。南京的建文朝廷有一支三倍于燕王军队的常备军，拥有全国的经济，并且已经废除了几个藩国。但燕王的领导能力、高素质的军队却非建文帝可比。随着战争时间的延长,朝廷指挥不当、兵力孱弱、内部松懈的缺点严重影响了战局。直至节节败退,许多将领投降了燕王。

建文朝廷曾从朝鲜输入许多战马,想以此增强它的战斗力,因为朝鲜国王李芳远公开表示支持建文帝打燕王。但是这些办法未能影响一败涂地的战争结局。

建文四年六月,燕军渡江直逼南京城下,谷王朱橞与曹国公李景隆开金川门迎降,京师遂破。燕兵进京,在燕王军队抵达后的一场混战中,南京城内的皇宫大院起了火。当火势扑灭后在灰烬中发现了几具烧焦了的残骸,已经不能辨认,据太监说它们是皇帝、皇后和他的长子朱文奎的尸体。朱棣登位后,将忠于建文的诸臣剥皮的剥皮,下油锅的下油锅。

但建文帝的下落终成为一件悬案。谁也不能肯定他是否真的被烧死了,后来对他的帝业抱同情心的历史学家们都说他乔装成和尚逃离南京。当时官方的记载当然只能说皇帝及其长子已死于难中;否则,燕王就不可能名正言顺地称帝了。建文帝最后的真正命运仍然是一个谜。

建文时期通宝

自焚而死

据永乐年间修撰的《明太祖实录》中记载,燕王朱棣发动"靖难之役",经过四年的征战,燕王获得全胜,建文四年6月13日,燕王统领大军开进南京金川门。当燕王军队进入皇宫时,宫中已

是一片火海，建文帝也没了踪影。与此同时，建文帝所使用的宝玺也毫无踪影。正史记载建文帝死于宫中的大火中。

《太宗实录》卷九记载：上（即明成祖朱棣）望见宫中烟起，急遣中使往救，至已不及。中使出其尸于火中，还白上，上哭曰：果然，若是痴耶！吾来为扶翼不为善，不意不谅而遽至此乎！壬申，备礼葬建文君，遣官致祭，辍朝三日。"

仁宗朱高炽御制长陵后碑也说，建文帝殁后，成祖备以天子礼仪殓葬。成祖后来在给朝鲜国王的诏书中说：没想到建文帝在奸臣的威逼下纵火自杀。但是，太监在火后余烬中多次查找，只找到马皇后与太子朱文奎的遗骸，建文帝是活是亡无从得知。燕王为让天下知建文帝已自焚，曾作有祭文，但其坟墓在什么地方，无人可知。

明末崇祯帝就曾说过：想给建文帝上坟，却不知在何处。另一种说法是在南京攻破之时，建文帝曾想自杀，但在其亲信说服下，削发为僧，从地道逃出了皇宫，隐姓埋名，浪迹江湖。

明成祖像

明成祖死后，他又回到京城，死后葬于京郊西山。朱棣登位后，感到生死未卜的建文帝对他有一种无形的压力，因此多次派心腹大臣到处访问。永乐年间，在郑和下西洋的陪同官员中，有不少锦衣卫士，这显然就是用于暗中察访建文帝的。明成祖曾向天下寺院颁布《僧道度牒疏》，将所有僧人名册重新整理，对僧人进行了

建文帝墓

一次全方位的调查。从永乐五年起,还派人以寻访仙人张邋遢为名到处查找,涉及大江南北,前后共 20 余年。

埋于庵后

  民间传言中,在许多地方都有建文帝的踪迹与传说。有的说建文帝先逃到云贵地区,后来又辗转到了南洋一带,直到现在,云南大理仍有人以建文帝为鼻祖。也有现代学者认为,当年建文帝潜逃后,曾藏于江苏吴县鼋山普济寺内,接着隐匿于穹窿山皇驾庵,于永乐二十一年在此病亡,埋于庵后小山坡上。历史上,关于建文帝的生死落最终成为谜案。

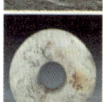

李自成的生死之谜

闯王生平

李自成自起事后转战汉中，参加了王左挂的农民军。1629年，后金第一次入塞，北京震动，大将袁崇焕被皇帝凌迟处死。1630年王佐挂被朝廷招降，李自成转投奔张存孟，为队长。崇祯五年四月，张存孟在陕北战败，也降明。十月，洪承畴正式接任三边总督，逐渐剿灭陕西境内农民军。1633年，李自成率余部东渡黄河，在山西投奔了他的舅父"闯王"高迎祥，称"闯将"。同年，曹文诏率千余关宁军击败山西境内的农民军，高迎祥、李自成、张献忠等均逃到河南被曹文诏、左良玉等多路明军包围。

然而次年1634年，后金军第二次入塞，曹文诏被调到大同抗金，被围农民军从王朴处突围。是年六月，新任五省总督陈奇瑜乃引军西向，约会陕西、郧阳、湖广、河南四巡抚围剿汉南农民军。高迎祥、张献忠、罗汝才、李自成等部见明军云集，误走兴安的车箱峡。峡谷之中为古栈道，四面山势险峻，易入难出，唯一出口为明军所截，"马乏刍多死，弓矢皆脱"，情势危殆，李自成用顾君恩之计，贿赂陈奇瑜左右人士，向官兵诈降。此时陈奇瑜释放李自成等人,派五十多名安抚官将农民军遣送回籍,甫出栈道,自成立刻杀安抚官复叛。

1635 年,洪承畴任五省总督后围剿民军,民军退到河南洛阳一带。高迎祥、张献忠、老回回、罗汝才、革里眼、左金王、改世王、射塌天、横天王、混十万、过天星、九条龙、顺天王等十三家七十二营起义军在河南荥阳召开荥阳大会,李自成提出"分兵定向、四路攻战"方略。会后高迎祥、张献忠、李自成率部攻下南直隶凤阳,掘明皇室的祖坟,焚毁朱元璋曾经出家的"皇觉寺",杀宦官六十多人,斩中都守将朱国相。因争夺凤阳皇宫的俘虏小太监和鼓吹乐器,李自成与张献忠结怨,李自成分军西走甘肃。

1636 年,高迎祥在安徽被新任五省总督卢象升击败包围在郧阳山区。同年四月后金建国改清,六月清军第三次入塞。卢象升调任宣大总督抗清。兵部侍郎王家桢继任五省总督,高迎祥等突围。高迎祥从子午谷进攻西安时兵败被新任陕西巡抚孙传庭所杀。高迎祥残部投奔李自成,李便被推为"闯王",继续征战四川、甘肃、陕西一带。《明史》称其为"闯贼"。

1637 年,杨嗣昌会兵 10 万,增饷 280 万,提出"四正六隅,十面张网"策略,限制农民军的流动性,各个击破,最后歼灭。此举在二年内颇见成效。张献忠兵败降明,李自成在渭南潼关南原遭遇洪承畴、

李自成塑像

孙传庭的埋伏被击溃，带着刘宗敏等残部 17 人躲到陕西东南的商洛山中。

1638 年 8 月，清兵从青口山、墙子岭两路毁墙入关，发动了第四次入关作战。杨嗣昌为贯彻其"安内方可攘外"的战略，力主与清议和，但遭到宣大总督、勤王兵总指挥卢象升等人的激烈反对。崇祯和战不定，卢象升在河北巨鹿战死。清兵撤退后，孙传庭、洪承畴等人均被调往辽东防范清军，李自成在山中得以喘息。冬天李驻扎在富水关南的生龙寨，并娶妻生子。

1639 年张献忠在谷城再次反叛，李自成从商洛山中率数千人马杀出。

1640 年，李自成趁明军主力在四川追剿张献忠之际入河南，收留饥民，郑廉在《豫变纪略》载李自成大赈饥民的盛况："向之朽贯红粟，贼乃藉之，以出示开仓而赈饥民。远近饥民荷锄而往，应之者如流水，日夜不绝，一呼百万，而其势燎原不可扑。"自此李自成军队发展到数万，提出"均田免赋"口号，即民歌之"迎闯王，不纳粮"。

1641 年正月二十日，李自成攻克洛阳，杀万历皇帝的儿子福王朱常洵，又从后园弄出几头鹿，与福王的肉一起共煮，名为"福禄宴"，与将士们共享。称"奉天倡义文武大元帅"。之后在一年半之内三围省城开封未果，最后一次 1642 年黄河决堤冲毁开封。先后杀死陕西总督傅宗龙、汪乔年。10 月在河南郏县败明陕西巡抚孙传庭。与此同时明朝对清朝战事不利，3 月，洪承畴降清。11 月，清军第五次入塞，深入山东，掠走 36 万人。

1643 年正月，李自成在襄阳称"新顺王"，招抚流亡的贫苦农民，"给牛种，赈贫困，畜孳生，务农桑"，又"募民垦田，收其籽

李自成行宫

粒以饷军"。3月,杀与之合军的农民领袖罗汝才。4月,杀叛将袁时中。5月,张献忠克武昌建立"大西"政权。10月,李自成攻破潼关,杀死督师孙传庭,占领陕西全省。1644年1月李自成在西安称帝,以李继迁为太祖,建国号"大顺"。

1644年1月,李自成东征北京,二月初二,在沙涡口造船3000,渡过黄河,攻下汾州、阳城、蒲州,隔日攻下怀庆,杀卢江王载埴。初五日,攻克太原,牛勇,王永魁等督兵五千人出战尽殁,初八日以守将张雄做内应,炮轰破城,蔡懋德自缢死。

在太原休整八天。16日,克忻州,官民迎降,代州守关总兵周遇吉凭城固守,双方大战十余日,周遇吉因兵少食尽,退守宁武关。周遇吉悉力拒守,最后火药用尽,开门力战而死,全身矢集

如猬毛，夫人刘氏率妇女二十余人登屋而射，全被烧死。

　　4月7日，李自成克宁武关，前后死将士七万余人，伤亡惨重，《罪惟录》记"后贼陷京师，多有手足创者，皆经战宁武者也。"李自成下令屠城。当晚，大同总兵姜瓖投降，宣府总兵王承胤降表亦到，又连下居庸关、昌平。三月初八日，兵至阳和。11日，大顺军开进宣府，"举城哗然皆喜，结彩焚香以迎"。崇祯急调辽东总兵吴三桂、蓟辽总督王永吉、昌平总兵唐通、山东总兵刘泽清入卫京城，并号召在京勋戚官僚捐助饷银。

　　4月21日，农民军抵达居庸关，监军太监杜之秩、总兵唐通不战而降，同时，刘芳亮率领南路军，东出固关后，真定太守邱茂华、游击谢素福出降，大学士李建泰在保定投降。李自成部过昌平，抵沙河，高碑店、西直门，以大炮轰城，入午攻打平则门，彰义门，西直门。半夜，守城太监曹化淳率先打开外城西侧的广宁门，农民军由此进入今复兴门南郊一带。李自成派在昌平投降的太监杜勋入城与崇祯帝秘密谈判。

　　双方谈判破裂。清晨，兵部尚书张缙彦主动打开正阳门，迎刘宗敏所部军，中午，李自成由太监王德化引导，从德胜门入，经

李自成行宫

承天门步入内殿。此时崇祯带着太监王承恩上煤山瞭望，又返回乾清宫，大臣皆已逃散，最后崇祯前往景山自缢，史称甲申之变。

李自成入住紫禁城，封宫女窦美仪为妃。大顺军入北京之初，兵不满二万，李自成下令："敢有伤人及掠夺财物妇女者杀无赦！"京城秩序尚好，店铺营业如常，"有二贼掠缎铺，立剐于棋盘街。民间大喜，安堵如故"。但从二十七日起，农民军开始拷掠明官，四处抄家，规定助饷额为"中堂十万，部院京堂锦衣七万或五万三万，道科吏部五万三万，翰林三万二万一万，部属而下则各以千计"，刘宗敏制作了五千具夹棍，"木皆生棱，用钉相连，以夹人无不骨碎。"城中恐怖气氛逐渐凝重，人心惶惶，"凡拷夹百官，大抵家资万金者，过逼二三万，数稍不满，再行严比，夹打炮烙，备极惨毒，不死不休"，"牵魏藻德、方岳贡、丘瑜、陈演、李遇知等，勋戚冉兴让、张国纪、徐允桢、张世泽等八百人追赃助饷。"谈迁《枣林杂俎》称死者有 1600 余人。

李自成手下士卒抢掠，臣将骄奢，"杀人无虚日，大抵兵丁掠抢民财者也"。大顺军于占领区皆设官治事，首为追饷，例如在城固县，"贼索饷，加以炮烙"；在汾阳"搜括富室，桁夹助饷"；在绛州"士大夫惨加三木，多遭酷拷死"；在宣化"权将军檄征绅弁大姓，贯以五木，备极惨毒，酷索金钱"四月十四日，西长安街出现告示："明朝天数未尽，人思效忠，定于本月二十日立东宫为皇帝，改元义兴元年。"十三日，由李自成亲率十万大军奔赴山海关征讨吴三桂，留守北京者为刘亮与李侔。

据说李自成入燕京后，从宫中搜出内帑"银三千七百万锭，金一千万锭"，"旧有镇库金积年不用者三千七百万锭，锭皆五百两，镌有永乐字"。时人许重熙在《明季甲乙两年汇略》借谈迁之

李自成行宫

口谓曰："损其奇零，即可代两年加派，乃今日考成，明日搜括，海内骚然，而扃钥如故，岂先帝未睹遗籍耶？不胜追慨矣。"但可信度并不高。

失败原因

　　李自成在攻陷北京之后，开始被胜利冲昏了头脑。这些农民出身的起义军将领以为攻陷了北京，除掉了明朝的皇帝，就是大功告成，可以坐享天下了。李自成和刘宗敏等人也都开始忙于修建宫室，搜罗美女，对明朝的官员进行追赃。他们没有及时地追剿依然据有江南的几十万明军，也忽视了重兵在握的山海关总兵吴三桂。

　　起初的时候，李自成还想招降吴三桂。但是，由于义军将领在追赃的过程中，致使吴三桂的父亲吴襄自杀殉国，更让他不能忍受的是，自己心爱的宠妾陈圆圆也被义军大将刘宗敏抢了过去。吴三桂一怒之下投降了清朝的多尔衮，打开城门引兵入关。

在清军和明朝降兵的合击之下，李自成的大顺军节节败退。一直退到了陕西潼关，潼关之战，大顺军再次失利，被迫退出陕西，转战河南、湖北。准备夺取东南作为抗清基地，但是清军却对大顺军紧逼不放。派出重兵节节阻击，南明政权的明军也顺势攻击大顺军。导致李自成在湖北武昌、阳新、江西九江接连失利，东下的去路也被切断。

后来，李自成率军到达九宫山一带，此后便失去了踪迹。几十万的大顺军也像蒸发似的，一下子就没了。

死因争议

关于李自成最终的结局，后人也提出了许多不同的看法：其中一种最具代表性说法是李自成在九宫山被地主团练攻杀。提出这种说法的最主要的依据是清朝靖远大将军阿济格给朝廷的奏报和南明王朝驻湘将领兵部尚书何腾蛟给唐王的报告。

阿济格的奏报中称："李自成兵尽力尽，仅带亲信20人，窜入九宫山中，被村民围困，无法脱逃，自缢而死。他派人前去验尸，而尸体已经腐烂，无法辨认。何腾蛟给唐王的报告也称，自己的部众将李自成斩于九宫山下，只是丢了首级。但是，这两个说法似乎都存在许多可疑之处，令人难以尽信。

因为李自成是一位"万金之赏莫能购，十道之师莫能征"的军事奇才，不仅骁勇异常，而且还很有谋略。他的生死对清王朝或南明王朝统治者来说都是一个很重要的问题。但在阿济格和何腾蛟的报告都存在模糊之处。阿济格的奏报中说李自成的尸体"尸朽莫辨"，何腾蛟的报告中则称尸体无头。也就是说两位将领都没有亲自看到死的这个人就是李自成。而是根据别人的报

告,臆断这就是李自成,便急忙上了折子邀功请赏。

特别值得一提的是,李自成退居湖湘时,手下尚有 40 余万兵马,驻九宫山一带的至少也有数万人,绝非奏报中所称的仅带 20 名亲信。况且,如果李自成真的被杀,他的几十万大军岂能善罢甘休?九宫山能平静吗?然而,事实上,当时九宫山很平静,那几十万大军也很平静。也就是说,李自成遇难九宫山说,要么是两位将领为了邀功请赏而造出来的,要么这就是李自成与其部下故意施放的烟幕弹。用李自成以死作缓兵之计。这样一方面,可以打消南明王朝对这支大军的敌意;另一方面,也可以缓解清军对他的攻击。以便可以等待时机成熟时东山再起。

另外一种比较流行的说法是,李自成没有死,而是在夹山寺出家做了和尚。这一说法,最早见于《澧州志林》的记载,书中说李自成兵败之后并没有死,而是跑到了湖南的石门夹山寺出家做了和尚,法号奉天玉。后来这个人便到夹山寺探访,寺中一位七十多岁的老和尚还记得夹山寺过去的事情,告诉他奉天玉和尚是顺治初年入寺的,声音像是西北的人。他还在寺中他亲眼见过一幅李自成的画像。

1981 年,在石门夹山寺发现了奉天玉大和尚墓。据考查,在一个瓷坛中盛的遗骨,与李自成身材相近。墓中陪葬物与李自成家乡陕西米脂县的习俗相同。此后,考古人员又在夹山寺"敕印"的石龟和"奉天玉诏"铜牌,"敕"字和"诏"都是皇帝的专用名词,由此可见,这个奉天玉极有可能就是做过皇帝的李自成。但对这一说法也有人持有异议。

他们认为,奉天玉大和尚的墓和其他文物的发现,只能说明石门夹山寺确实有奉天玉大和尚这个人,但并不能证明奉天玉大和尚就是李自成。李自成生前左眼曾受箭伤失明，《澧州志林》中描述的李自成画像却双目炯炯有神，与事实不符，李自成在夹山寺出家一说，也还有待商榷。

近来又有人对李自成的生死提出更新的说法，认为李自成兵败后，没有出家做和尚，也没有在九宫山遇难，而是辗转来到粤北乐昌的金城山，在那里继续从事抗清斗争，后来因叛徒出卖而受伤，死于马背之上。

当然，以上的三种说法，都各有一定道理，但都是一家之言，并非定论，李自成兵败后的结局，目前仍是一个未解之谜。

《明史·李自成传》也无法搞清其殉难经过，少数史料也有以下几种不同说法：《通山县志》中的记载为："九伯聚众杀贼首于小源口"；而《程氏宗谱》却是这样记载的："剿闯贼李延于牛迹岭下"；没有一个地方明确指出，程九伯的确杀死了李自成，而只是说杀死了李延。《米脂县志》《延安府志》等李自成家乡的史料显示，记载李自成乳名和名字说法很

李自成墓

多,却唯独没有"延"字,陆续发现的大顺档案记载李延为大顺昭侯,不是李自成。

误死即误伤致死。清初吴伟业《绥寇纪略》中说:李自成率二十骑到通城九宫山,他让将士留在山下,自己上山拜谒元帝庙。当地村民"疑以为劫盗",在李自成跪拜元帝像时,被村民在身后用荷锸击伤头部,李自成当即昏倒"不能起"。这时村民一拥而上,"碎其首"而亡。村民搜其钱物时,发现"金印",方知道杀错了人,"大骇,从山后逃去"。

康熙年间费密撰写的《荒书》中说:"李自成率十八骑,由通山过九宫山岭"时,山民"闻有贼至,群登山击石,将十八骑打败。"李自成一人和山民程九伯赤手搏斗,程九伯不是对手,被李自成摔倒在地,并骑在程九伯身上,"抽刀欲杀之"。但刀被血渍又渗入泥浆;一时没拔出。

正在这时,程九伯外甥金某,从背后以铲猛击李自成头部,即刻而亡。而程九伯的宗谱明确记载"剿闯贼李延于牛脊岭下",根本不是李自成,而且牛脊岭也不属通山九宫山范围。

在青城镇苇茨湾村李文生家发现了一本抄录并补修于1914年的《李氏家谱》,经过考察研究,得出全新结论,李自成兵败后,化装成和尚投靠其在榆中青城的叔父李斌,晚年的李自成就生活在附近的深山大沟里,并葬于龙头堡子山下,经学者考证,《李氏家谱》中李自成除姓名与明末农民领袖李自成相同外,其余与李自成的籍贯、故里和祖辈、父母及夫人姓名等均不相同,显然不是大顺皇帝李自成。

郑和七下西洋真正原因

航海背景

　　郑和是世界历史上的伟大航海家。英国前海军军官、海洋历史学家孟席斯出版了《1421年中国发现世界》，认为郑和船队先于哥伦布发现美洲大陆、大洋洲等地。1405年之后的28年间，郑和七次奉旨率船队远航西洋，航线从西太平洋穿越印度洋，直达西亚和非洲东岸，途经30多个国家和地区。

　　他的航行比哥伦布发现美洲大陆早87年，比达·伽马早92年，比麦哲伦早114年。在世界航海史上，他开辟了

郑和塑像

贯通太平洋西部与印度洋等大洋的直达航线。600年前，从1405年开始，在28年间，郑和率领中国大明皇朝的200多艘船航行在世界海域上，造访各国。据英国著名历史学家哈佛大学的李约瑟博士估计，1420年间中国明朝拥有的全部船舶，应不少于3800艘，超过当时欧洲船只的总和。今天的西方学者专家们也承认，对于当时的世界各国来说，郑和所率领的舰队，从规模到实力，都是无可比拟的。

中国唐宋元朝以来发达的造船技术、罗盘、火炮等技术的不断发展，为大规模的远洋航行提供了安全保障。永乐帝朱棣宣扬大国国威，出于政治目的需要。中国的元朝的远洋贸易传统，元朝时中国的远洋贸易非常发达，拥有当时世界上贸易量最大的几个港口和世界上最强大的海军和大量的民船和商船，为后来的明朝航海奠定了基础。

明朝的封建中央集权制度能够调动力量办大事，能提供经济上的支持和军事力量保障是郑和船队上的海员、明朝军队士兵、翻译官等人的共同努力。

七下西洋

永乐三年六月，郑和第一次下西洋，顺风南下，到达爪哇岛上的麻喏八歇国。爪哇古名阇婆，今印度尼西亚爪哇岛，为南洋要冲，人口稠密，物产丰富，商业发达。

当时，这个国家的东王、西王正在打内战。东王战败，其属地被西王占领。郑和船队的人员上岸到集市上做生意，被占领军误认为是来援助东王的，被西王麻喏八歇王误杀，计一百七十人。郑和部下的军官们都纷纷请战，说将士们的血不能白流，急于向麻喏八歇国进行宣战,给以报复。

"爪哇事件"发生后,西王十分惧怕,派使者谢罪,要赔偿六万两黄金以赎罪。郑和第一次下西洋就出师不利,而且又无辜损失了一百七十名将士,按常情必然会引发一场大规模战斗。然而,郑和身负永乐皇帝的秘密使命,怕一旦大开杀戒,沿路西洋各国恐惧明朝前来侵略,之后又得知这是一场误杀,鉴于西王诚惶诚恐,请罪受罚,于是禀明皇朝,化干戈为玉帛,和平处理这一事件。明王朝决定放弃对麻喏八歇国的赔偿要求,西王知道这件事后,十分感动,两国从此和睦相处。

郑和对各国不论强弱亲疏,平等对待,一视同仁,即时两国发生冲突,仍能保持极大的克制,委曲求全,以理服人,表现出对邻国的和平共处,睦邻友好,使中国和印尼两国人民的传统友谊源远流长。

郑和下西洋创意图

印尼的学者认为，郑和舰队是当时世界上最强大的海上舰队。而郑和七下西洋的二十八年中，真正意义上的对外战争仅有锡兰一次，而且是在被迫无奈的情况下的防卫性作战。郑和在处理"爪哇事件"中，不但不动用武力，而且不要赔偿，充分体现了郑和是传播和平的使者，他传播的是"以和为贵"的中国传统礼仪，以及"四海一家""天下为公"的中华文明。

1407年10月13日，郑和回国后，立即进行第二次远航准备，主要是送外国使节回国。这次出访所到国家有占城、渤尼、暹罗、真腊、爪哇、满剌加、锡兰、柯枝、古里等。到锡兰时郑和船队向有关佛寺布施了金、银、丝绢、香油等。

1409年2月15日，郑和、王景弘立《布施锡兰山佛寺碑》，记述了所施之物。此碑现存科伦坡博物馆。郑和船队于永乐七年夏回国。第二次下西洋人数据载有两万七千多人。

第三次下西洋于1409年10月，皇上命正使太监郑和、副使王景弘、候显率领官兵二万七千余人，驾驶海舶四十八艘，从太仓刘家港起航，敕使占城，宾童龙，真腊，暹罗，假里马丁，交阑山，爪哇，重迦罗，吉里闷地，古里，满剌加等国。费信、马欢等人会同前往。

满剌加当时是暹罗属国，正使郑和奉帝命招敕，赐双台银印，冠带袍服，建碑封域为满剌加国，暹罗不敢扰。满剌加九州山盛产沉香，黄熟香；太监郑和等差官兵入山采香，得直径八九尺，长八九丈的标本6株。永乐七年，皇上命正使太监郑和等捧诏敕金银供器等到锡兰山寺布施，并建立《布施锡兰山佛寺碑》此碑现存于科伦坡博物馆。

郑和访问锡兰山国时，锡兰山国王亚烈苦奈儿"负固不恭，谋害舟师"，被郑和觉察，离开锡兰山前往他国。回程时再次访问锡兰山国，亚烈苦奈儿诱骗郑和到国中，发兵五万围攻郑和船队，又伐木阻断郑和归路。郑和趁贼兵倾巢而出，国中空虚，带领随从二千官兵，取小道出其不意突袭亚烈苦奈儿王城，破城而入，生擒亚烈苦奈儿并家属。1411 年 7 月 6 日，回国献亚烈苦奈儿与永乐帝，朝臣齐奏诛杀，永乐帝怜悯亚烈苦奈儿无知，释放亚烈苦奈儿和妻子，给与衣食，命礼部商议，选其国人中贤者为王。选贤者邪把乃耶，遣使赍引，诰封为锡兰山国王，并遣返亚烈

郑和纪念馆

苦奈儿。

1411 年，满剌加国王拜里米苏剌，率领妻子陪臣 540 多人来朝，朝廷赐海船回国守卫疆土。从此"海外诸番，益服天子威德"。八月礼部、兵部议奏，对锡兰战役有功将士 754 人，按奇功，奇功次等，头功，头功次等，各有升职，并赏赐钞银、彩币锦布等。

1413 年 11 月，正使太监郑和及副使王景弘等奉命统军二万七千余人，驾海船四十，出使满剌加、爪哇、占城、苏门答腊、柯枝、古里、南渤里、彭亨等国。郑和使团中包括官员 868 人，

兵 26 800 人,指挥 93 人,都指挥 2 人,书手 140 人,百户 430 人,户部郎中 1 人,阴阳官 1 人,教谕 1 人,舍人 2 人,医官医士 180 人,正使太监 7 人,监丞 5 人,少监 10 人,内官内使 53 人其中包括翻译官马欢、陕西西安羊市大街清真寺掌教哈三、指挥唐敬、王衡、林子宣、胡俊、哈同等。郑和先到占城,奉帝命赐占城王冠带。

1413 年郑和船队到苏门答腊,当时伪王苏干剌窃国,郑和奉帝命统率官兵追剿,生擒苏干剌送京伏诛。1413 年郑和舰队在三宝垄停留一个月整休,郑和费信常在当地华人回教堂祈祷。郑和命哈芝黄达京掌管占婆华人回教徒。首次绕过阿拉伯半岛,航行东非麻林迪。1415 年 8 月 12 日,回国。同年 11 月,榜葛剌特使来中国进献"麒麟",即长颈鹿。

郑和第五次下西洋于 1417 年 6 月,总兵太监郑和,在泉州回教先贤墓行香,往西洋忽鲁谟斯等国公干。1417 年 6 月出发,护送古里、爪哇、满剌加、占城、锡兰山、木骨都束、溜山、喃渤里、卜剌哇、苏门答腊、麻林、剌撒、忽鲁谟斯、柯枝、南巫里、沙里湾泥、彭亨各国使者及旧港宣慰使归国。随行有僧人慧信,将领朱真、唐敬等。

郑和奉命在柯枝诏赐国王印诰,封国中大山为镇国山,并立碑铭文。忽鲁谟斯进贡狮子,金钱豹,西马;阿丹国进贡麒麟,祖法尔进贡长角马,木骨都束进贡花福鹿、狮子,卜剌哇进贡千里骆驼、鸵鸡;爪哇、古里进贡麊里羔兽。

1419 年 8 月 8 日,郑和回国。宋末泉州市舶司提举蒲寿庚之侄蒲日和,也与太监郑和,奉敕往西洋寻玉玺,有功,加封泉州卫镇抚。

郑和纪念馆

第六次下西洋于 1421 年 3 月 3 日，明成祖命令郑和送十六国使臣回国。为赶东北季风，郑和率船队很快出发，到达国家及地区有占城、暹罗、忽鲁谟斯、阿丹、祖法儿、剌撒、不剌哇、木骨都束、竹步、麻林、古里、柯枝、加异勒、锡兰山、溜山、南巫里、苏门答剌、阿鲁、满剌加、甘巴里、幔八萨。

永 1422 年 9 月 3 日，郑和船队回国，随船来访的有暹罗、苏门答剌和阿丹等国使节。永乐二十二年，明成祖去世，仁宗朱高炽即位，以经济空虚，下令停止下西洋的行动。

郑和第七次下西洋于 1430 年，宣德帝以外番多不来朝贡，命郑和往西洋忽鲁谟斯等国公干，随行有太监王景弘、李兴、朱良、杨真，右少保洪保等人。第七次下西洋人数，根据明代祝允明《前闻记下西洋》记载，有官校、旗军、火长、舵工、班碇手、通事、办事、书弄手、医士、铁锚搭材等匠、水手、民梢等共 27 550 人。

1430 年 1 月，郑和率领二万七千余官兵，驾驶宝船 61 艘，从龙江关起航，经徐山、十日到江苏太仓，20 日出太仓附子门、21 日到刘家港，驻留约一个月，在此期间，郑和在刘家港北漕口修

建天妃宫,1431 年春天,天妃宫修建完毕,郑和立《通番事迹记》碑。

1431 年 2 月 26 日抵达福建长乐港。郑和船队在长乐停留约半年,在此期间,郑和曾率领兴平三卫指挥千百户和州府官员,到福建湄州屿,卖办木石,重修湄州天妃宫。又在长乐县南山三峰塔寺之旁,修建长乐天妃宫,11 月建成,树立《天妃灵验之记》碑,并铸造铜钟一口,铭文:"永远长生供养,祈保西洋往回平安,吉祥如意者,大明宣德六年岁次辛亥仲夏吉日,太监郑和,王景弘同官军人等,发心铸造铜钟一口。"

出使之谜

郑和历尽千辛万苦,七下西洋究竟是为了什么呢?对于这个问题的争论向来是各执一词,莫衷一是流传早而且广的一种观点认为是政治原因,朱棣派郑和是去寻找寻建文帝的下落,以消除政治隐患。靖难之役后,朱允坟不知去向。这在疑心很盛的朱棣看来,自然是一块心头大石。

朱棣怀疑他逃到海外避难去了,怕他将来东山再起,会对自己的皇位构成威胁,所以派郑和下西洋暗中寻找建文帝的踪迹,以杜绝后患,但是也有些学者认为,朱棣没有必要大费周折派人去探寻朱允坟的下落,而且有不少迹象表明,建文帝

郑和像

在南京城陷落前就已经葬身火海，不存在再寻建文帝之说，郑和七下西洋是为了寻找建文帝难免牵强附会了。

郑和塑像

另一种观点认为，明成祖派郑和七下西洋是为了耀兵异域，教化异族，使海外诸国承服中国。

朱棣也是一个功利主义者，要海外各国都来朝贡，他要宣扬国威，展示自己的势力，并建立自己的声望。于是明成祖朱棣决定组织一支强大的船队，向海外各国显示中国的富强，宣扬明朝的成德。

还有人说郑和七下西洋是经济原因，是为了发展对外贸易、为了打开封闭、退化的外交大门，在经济上与其他国家实行贸易往来，加强自己的经济实力。派郑和出使是为了发展与各国的友好往来。欢迎各国前往明朝观赏进贡，并安抚邻近小国，减轻异族异国对中国的侵扰压力，以后几次主要为了发展外交关系，促进明朝与周边各国的友好往来。

不管郑和七下西洋是出于何种原因，所起到的作用却是毋庸质疑的。它促进了中外文化、经济的交流，让更多的国家了解中国，正视中国的存在，在中国航海史上是一个壮举，在世界航海史上也是一个创举。

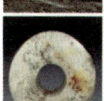

曹操七十二疑冢之谜

传说来历

七十二疑冢，是指传说中的曹操坟墓。传说曹操怕死后被人发掘坟墓，在漳河一带造了七十二个疑冢。关于曹操陵墓，在历史上有很多传说。特别是"七十二疑冢"的真相，更是吊足了人们的胃口。诸多考古学家都证实了曹操疑冢实际上是北朝的大型古墓群，并指出其确切数字也不是七十二座，而是一百三十四座。

在古人看来，七十二只是个概数，非实指，因此"七十二疑冢"仅举大数而言，说明曹操疑冢之多，但是，曹操墓的确不在这"七十二疑冢"里。

史料显示，由于丧葬从简，过了没几年，曹操墓上的祭殿就毁坏了。没有随葬金玉器物，也不为盗墓者所重视，再加上没有封土建陵，没有植树，几个朝代之后，曹操墓所在便无人知晓了。到唐代人们对曹操墓的位置还没有什么疑问，唐太宗李世民曾为曹操墓作祭文，但从北宋开始，虽然曹操墓位置在史书上有记载，但现实之中没有人知道曹操墓的所在。也是从北宋开始，曹操被定型为奸雄，其墓址不详也成了他奸诈的一个证明。邺城以西有北朝墓群，传为曹操的七十二疑冢。

曹操塑像

罗贯中在《三国演义》中称，曹操遗命于彰德府讲武城外，设立疑冢七十二，渲染了曹操的奸诈。蒲松龄《聊斋志异》中有一篇《曹操冢》点出曹操墓可能在其设的七十二疑冢之外，更显示出其诡诈。随着这些杰作的流传，曹操墓之谜就更加引人注目，也更加扑朔迷离。

否定"七十二疑冢"最坚定的当然还是盗墓者，民国初，有人盗掘了诸多疑冢，疑冢内多有墓志，均系北魏、北齐时代王公要人墓。有一座是齐王陵，还有的是齐献武帝第十一子高阳王湜墓。一碑额题曰："墓主为齐王四叔。"

考古学家证实了曹操疑冢实际上是北朝的大型古墓群，并且其确切墓冢也不是七十二座，而是一百三十四座。在古人看来，七十二只是个概数，非实指，因此"七十二疑冢"仅举大数而言，说明曹操疑冢之多，但是，曹操墓的确不在这"七十二疑冢"里。

性格使然

曹操生性多疑的性格,在其死后也得到了体现。传说在曹操安葬的那一天,邺城的所有城门全部打开,七十二具棺材,从东西南北四个方向,同时从城门抬出。从此,一个千古之谜也随之悬设:七十二疑冢哪座为真?

宋代诗人俞应符对曹操的这种行径甚为不齿,他在《七十二座疑冢》一诗中,以极其厌恶的口吻写下这样一首诗:"生前欺天绝汉统,死后欺人设疑冢。人生用智死即休,何有余机到丘垄。人言疑冢我不疑,我有一法告君知。直须发尽冢七二,必有一冢藏君尸。"

这位自作聪明的俞诗人,对曹操的性格和谋略还是不甚了解,如何知道曹操之尸就埋在了这七十二疑冢之内?焉知其不会埋入七十二冢之外乎?对此,鲁迅在《花边文学·清明时节》中曾这样说道:"相传曹操怕死后被人掘坟,造了七十二疑冢,令人无从下手。于是后之诗人曰:遍掘七十二疑冢,必有一冢葬君尸。"于是后人论者又曰:"阿瞒老奸巨猾,安知其尸实不在此七十二之内乎。真是没有法子想。""阿瞒虽是老奸巨猾,疑冢之流倒未必安排的,不过古来的冢墓,却大抵被发掘者居多,冢中人的主名,的确者很少,洛阳邙山,清末掘墓者极多,虽在名公巨卿的墓中,所得也大抵是一块志石和凌乱的陶器,大约并非原没有贵重的殉葬品,乃是早经有人掘过,拿走了,什么时候呢,无从知道。总之是葬后至清末的偷掘那一天之间吧。"

曹操入葬后,盗墓者并没有被其"薄葬"的标榜所迷惑,也没有因为疑冢之多而望而却步。但是,尽管他们费尽了心机,付出

了大量的劳动,却连曹操的一根毫毛也未见到。那么,曹操的尸骨到底埋于何处?

历史疑案

按照曹操留下的《终令》来看,曹操墓应在古邺城西门豹祠以西的地方,相当于今天河北临漳县三台村以西直到磁县境内的漳河沿岸。这里为古墓地,其中丘垄星罗棋布,森然弥望,高者如山列列,低者如丘累累,这就是历史上传说的曹操七十二疑冢所在之处。正如一首诗所写的那样:"漳河累累漳水头,如山七十二高丘。正平只有坟三尺,千古安眠鹦鹉洲。"

清朝顺治年间,漳河发生干旱,河水枯竭,沙床裸露。一天,一个捕鱼人在河床的水洼内捕鱼。突然,他发现河床上露出了一块大石板,石板的旁边有一条裂缝,勉强可进一个人,捕鱼人向洞里一看,洞道很长,深不可测。他想,说不定这里面有鱼。于是,他先将两脚伸入洞隙,再紧缩身子,钻了下去。进去后,约走了数十步,他被面

曹操墓

前的一个大石门挡住了去路。他用力推门，但门纹丝不动，无奈之下，他返回了地面。这件蹊跷的事令渔夫很激动，他回去后就告诉了左邻右舍。大伙儿听了，认定这是个发财的机会，于是约定第二天一块去看看。

第二天，他们依次来到大石门前。在费了九牛二虎之力后，大石门终被推开。大家涌到门口一看，立刻被眼前的景象惊呆了：只见石屋内尽是美女，一个个姿色绝伦，倾国倾城。她们有的坐着，有的互相倚着，还有的躺卧着，分列两行，一个个栩栩如生。但是这种美景并没有持续太久。转瞬间，这些女尸都化为灰尘，委顿于地。石屋很大。走到里间，只见中间放有一张石床，床上躺着一个老年男子，头上戴着官帽，身上穿着朝服，像是一个王侯。在王侯的石床前面，立着一个石碑。渔人中有识字者上前一看，原来这个戴着官帽、穿着朝服的死尸就是魏武帝曹操。在他们看来，曹操是个白脸奸臣。于是捕鱼人拿起鱼叉、棍棒对着尸体乱打乱戳，以发泄心中之愤。

在叙述的最后，沈松对这种现象进行了分析。他认为，漳河河底的墓室之中，那些美女是被活生生憋死以殉葬的。由于墓室内地气凝结，所以一打开石门后，她们看上去像刚断气的人一样，但是渔人进室，泄漏了地气，所以一进去就化为灰尘了。只有曹操是用水银殓尸的，所以其肌肤并没有腐烂。

就在人们对沈松的叙述的真实性还未来得及验证之时，另一位清人蒲松龄又在其《聊斋志异》一书中，写到了河底发现曹操陵寝的故事，但这次不同的是，他写的地点是许昌，而非临漳。文章写道：许昌城外有水汹涌，近崖深黯。盛夏时有人入浴，忽然若被刀斧尸断，浮出后，一人亦如之，转相惊怪。邑宰闻之，遣人闸其上流，竭其水，见崖下有山洞，中置转轮，轮上排利刃如霜。去轮攻入，有碑，字皆汉隶，细视则曹孟德也。破棺散骨，所殉金宝尽取之。

沈松所述之事，虽传得有鼻子有眼，但却经不起推敲，所以只能是一种传说；而蒲松龄向以虚构见长，加之地点又多有不符，所以其故事的真实性无疑要大打折扣。基于以上原因，曹操的陵寝是否一定在漳河附近尚难定论。

后人不断追寻，但总是毫无结果，给七十二疑冢蒙上了一层神秘的色彩。据老百姓说，讲武城一带的疑冢，在雷雨天常常会冒紫光。还有的说，近代的军阀混战年代，曾有东印度公司一个名叫胡赛米的古董商人，从郑州雇了一批民工，把临漳河的疑冢一座座掘开，企图找到曹操真墓，掘取财宝。结果，民工挖了十几座墓，发现里面除了土陶、瓦罐之类的东西外，一无所获。

当他们试图继续发掘时，关于洋人盗墓的消息传开了。愤怒的当地群众手持刀斧，将胡赛米及其雇佣的民工赶出了漳河。

曹操墓位置的确定源于多年前发现的一块后赵时期的鲁潜

曹操塑像

墓志。

1998年4月，在安阳县安丰乡西高穴村西北0.5千米处的机砖场里，该村村民徐玉超起土时挖

曹操纪念馆

出一块墓志。这块墓志埋在地下2米深处，高20.7厘米、宽31.3厘米，隶书志文，共14行126字。

根据墓志志文，墓主为卒于后赵建武十一年的鲁潜，其官至后赵大仆卿都尉，正三品官员，属于朝廷的重臣级别。

一个令人惊喜的消息是，志文提到了鲁潜墓距魏武帝陵的方位与距离："鲁潜墓在高决桥陌西行一千四百步，南下去陌一百七十步，故魏武帝陵西北角西行四十三步，北回至墓明堂二百五十步。"考古专家说，这里所说的魏武帝陵应该就是高陵，高决桥应该为高穴桥，古代"决"通"穴"，这说明曹操的墓地应该在西高穴村附近。

武则天"无字碑"之谜

合葬乾陵

位于陕西省乾县县城以北梁山上的乾陵，是唐高宗李治与女皇武则天的合葬陵墓，是我国历代帝王陵园中唯一的夫妇两帝合葬墓，墓前立有两块高大雄浑的石碑，西面是"述圣记碑"，由武则天撰文、唐中宗书写，八千余字的碑文虽然主要是歌颂唐高宗的功绩，其实也是武则天在借机抬高自己。

东面是武则天的"无字碑"，碑由一块巨大的整石雕成，碑头雕有8条互相缠绕的螭首，饰以天云龙纹。根据乾陵建筑对称布局的特点，"无字碑"与"述圣记碑"显然是在高宗去世时由武则天同时主持竖立的，那么，这块"无字碑"自然是武则天预先为自己准备的"功德碑"。

令人奇怪的是，当初立这块碑时竟未刻一字。据清乾隆年间的《雍州金石记》记载："碑侧镌龙凤形，其面及阴俱无字。"1938年编纂的《乾县新志》载："向无字。金元后，往来登眺，有题咏诗篇刊其上。"这块"无字碑"也就成为多年来人们猜测、探究却莫衷一是的"千古之谜"。

则天经历

武则天是交州文水人。其父曾追随李渊反隋，是唐朝的新贵。武则天因天生丽质、妩媚动人，14岁被选入宫，封为"才人"，唐太宗赐其号"武媚"。后来，唐太宗去世，她到感业寺出家为尼。公元649年，太子李治继位，即唐高宗。李治原就钟情武媚，继位后将她召回宫中，立为妃，大加宠爱。6年后又立为皇后。后来，唐高宗患病，委托武则天处理朝政。于是她渐渐独揽了大权。并为了保住权力，废掉了太子李弘、李贤。高宗死后，她又废掉唐中宗李显，立年幼的睿宗李旦。

公元684年葬高宗李治于乾陵。公元690年，武则天改唐为周，正式登上皇帝的宝座。公元705年，神龙元年正月，张柬之、桓彦范、崔玄、敬晖等人联合右羽林大将军李多祚发动政变，逼则天退位，迎中宗复位。中宗上尊号为"则天大圣帝"，后人因称她为"武则天"。同年十一月去世。

漫天猜测

作为中国历史上第一个且唯一的女皇帝、封建社会杰出的女政治家，武则天登位后，就大修宫殿、佛寺，借机炫耀自己。公元694年，已70岁高龄的她为表彰自己，在生活起居的神都城内定鼎门大兴土木，耗资百亿修建歌功颂德的"天枢"："天枢成，高一百五尺，径十二尺，八面，各径五尺。下为铁山，周百七十尺，以铜为蟠龙麒麟绕之；上为腾云承露盘，径三丈，四龙人立捧火珠，高一丈。"并亲笔题名："大周万国述德天枢。"当时，仅为此就熔毁了27 000贯流通的钱币，耗去当时国家财力的四分之一。

无字碑

公元695年，她又下令铸九州铜鼎和十二生肖，置于通天宫。有学者认为，由于武则天的大兴佛寺，劳民伤财，而使"唐朝的全盛时期到来，比两汉、明、清都要推迟三五十年"。从武则天不惜国力财力民力大搞个人崇拜的"形象工程"来看，她绝对不会忽视自己身后为自己树碑立传、歌功颂德这样的重大事件的。况且，从公元683年高宗驾崩到705年武则天死，乾陵在武则天亲自规划和指挥下修建，耗时长达22年，她有足够的时间来做这件事。

既然武则天有心为自己竖碑记事，为什么现存的碑又不铭一文呢？这只能说，武则天的"无字碑"与她本人无关，刻与不刻字、刻什么内容，也不是已经身患重病只等死去的她所能左右的，而是要从当时的政治形势与继任者的情况来分析。

武则天在位16年，从660年开始参政，到705年正月被逼退位，实际掌握天下大权45年，虽然叱咤风云，英雄一时，但到了晚年，尤其是临终前却极为凄凉。神龙元年正月，武则天患病，以宰相张柬之为首的朝臣进行政变，杀死了武则天的男宠张易之兄弟，迫使她让位于中宗李显，恢复国号"唐"，被迁往上阳宫。

同年11月，82岁的武则天病死在东都洛阳上阳宫的仙居

殿。死前遗诏："去帝号，称则天大圣皇后。"她虽然还权于李唐，但毕竟在那个男尊女卑、夫为妻纲、君权神授的封建社会属于"僭越篡位"，为社会主流所不见容，人们之所以当时表面上能够接受，一方面是迫于她生杀予夺大权的重压，另一方面也是人们仍视她为武氏之女，李氏之妇。不管怎么说，她称帝改唐为周仍是李唐天下的深深耻辱，因此在她死后要与高宗合葬于乾陵时，就有给事中严善思等人上疏力阻，只是中宗没有同意而已。

武则天滥杀唐朝宗室及贵戚令他们心怀怨恨。她为了清除称帝的障碍，"先诛唐宗室贵戚数百人，次及大臣数百家，其刺史、郎将以下，不可胜数"。令"唐宗室人人自危，众心愤愤"。可见她的凶狠毒辣与残酷无情及当政期间血雨腥风的恐怖政治气氛。这不能不让继任者心有余悸，心怀怨愤。

武则天先后毒死太子李弘，废太子李贤为庶人，后又逼其自杀。即便她亲生儿子唐中宗李显，也几度险遭毒手，当初即位不到一年，就被她废黜皇位，贬逐出京。他的长子李重润，女儿李仙蕙都因出言不慎被武则天处死。

此外，武则天晚年还一直思谋着将皇位传给其武家侄儿。有过这一番饱受折磨经历、生性又懦弱无能的中宗，虽然不敢公开否定母亲的废唐建周行为，不能公开发泄对母亲的憎恨，但也讲不出对她歌功颂德的好话，如何评价他这个如狼似虎的母亲的一生，是令他左右为难的一件事情，深受其害的唐宗室及贵戚朝臣的争议肯定很大，最后干脆一字不刻，为武则天留下一块"无字碑"。同时，由于中宗的软弱无能，武氏集团、安乐公主与五王及太子李重俊之间的宫廷权力斗争剑拔弩张，危机四伏，也顾不上刻。

还有一种可能,就是已经刻上了文字,但又被唐玄宗令人磨去,目的是为了彻底消除武周政权给李唐政权带来的耻辱。

武则天病逝后,中宗复位,国号也以唐代周,但武氏势力仍然相当强大,她的侄子武三思权力如日中天,炙手可热,把持朝政,中宗又没有政治抱负,懦弱无能,在他的力主下,为他的姑姑、当朝皇帝的母亲铭文歌功颂德也不是没有可能。既然铭刻了文字,到后来为什么又消失了呢?最大的可能就是后来的当政者将这些文字重又磨掉了。

714 年,玄宗皇帝李隆基掌权,下诏毁天枢一事不难看出。唐玄宗对武氏集团的打击是不遗余力的,他在率兵扶持父亲李旦复了帝位后,就将"则天大圣皇后复旧号为天后。"

追削武三思、武崇训爵谥,斫棺暴尸,平其坟墓。""废武氏崇恩庙及昊陵、顺陵。"自己登基后,更是大刀阔斧地解决武周政权的遗留问题,才到开元二年就令"毁天枢,发匠熔其铁钱,历月不尽"。目的之一,就是为了彻

武则天陵

底消除武氏家族给李家带来的奇耻大辱。由此推之，为了彻底清除武周政权带来的痕迹，他下令将武则天陵墓旁的石碑上已刻好的字迹重新磨去，也不是没有这种可能。一千多年后才编纂出来的《乾县新志》《雍州金石记》等书当然不可能完整地记录下这件事情。

一种观点认为，武则天早年从地位较低的"才人"，被册封为皇后，执掌朝政，最后窃据皇位。武则天在宫廷内部拉帮结派，培植党羽，打着"李唐"的旗号，任用酷吏，大兴告密之风，清除异己。恐怖政策，人为地造成了社会的动荡不安，阻碍了社会经济发展。

武则天在位期间，唐朝还失去了安西四镇，危害了国家的统一。此外，她曾下令废除学校却大事兴佛，虚耗国库。在生活上，也极其荒淫腐朽。所有这些，都是背逆时代的潮流，是"历史的一次逆转"。武则天是一个很有自知之明的人，她在位五十年，有功有过，因此，立"无字碑"，非功过让后人去评论，真是绝顶聪明。

一种观点说，武则天改唐为周，在碑上如何称呼她？是大唐皇后还是大周皇帝？另外武则天与唐高宗合葬，称呼自己是皇帝还是皇后，都很难落笔，不如一字不刻，回避算了。

本来，树碑立传，乃是自古以来中华民族的传统习俗。可是，武则天却在自己的墓前，只树碑不立传。给人们留下了种种猜测，究竟哪一种猜测更符合当时她本人的实际用意，我们已经无从知晓。看来，武则天为后人出的这道难题，是难以回答的了。

法门寺佛骨舍利之谜

舍利现身

公元 873 年,大唐璐宗咸通十四年。从京师长安到法门寺几百里的路途上,一派热闹非凡的景象:路旁香刹林立,香烟缭绕,梵音不绝。路上车辇坐骑逶迤绵延,昼夜相继,这是迎请佛骨的队伍。佛骨所到之处,不乏狂热的崇拜者:有一军卒,为表示自己的虔诚之心,在佛骨前砍断自己的左臂,用右手拿着断臂,一步一拜,后来体力不支,终因疼痛难忍昏倒在地。

法门寺

另有断指截发于佛骨前的善男信女不计其数。还有一僧,把"艾"置头顶上,名门"炼顶"。燃着"艾"后,痛不可忍,仍口诵经文坚持不懈,以致头顶烧得焦烂、仆卧于地。但佛真骨并未给唐璐宗带来好运,3个月后,唐璐宗驾崩,弥留之际,仍对佛骨念念不忘,并遗诏皇太子不要违背他的意志,把佛真骨再送回法门寺。继位的唐僖宗丝毫不敢怠慢,于公元874年正月,送佛骨还法门寺,京城毫盆士女,争相送别,执手相谓:"60年一度迎真身,不知何日又能再见!"并俯着于前,呜咽流涕。

正月四日,佛骨在庄严肃穆的仪式中被掩入地宫后室下的秘室中,随着两扇地宫石门的关闭,从此佛真骨就从人们的视线中消失了。

舍利历史

法门寺共出土了四枚佛指舍利,其中有一枚佛骨呈乳黄色,白色霖点附在佛骨之上,并有一细细的裂纹。这一枚为佛的真身"灵骨',其余三枚为玉质,为佛的"影骨"。灵骨好像高悬天空的明月,三枚影骨似倒映江中的月影。以佛家观点,巧妙喻出了灵骨和影骨的关系。

舍利是梵文的音译,意为"身骨"。一般指释迦佛遗体焚化后结晶而成的固体物。如佛牙舍利、佛指舍利等。按照佛教的说法,舍利同凡夫俗子的死人之骨有根本区别,它的形成,既非生理的关系,也非食物结构的原因,而是积用苦修,功德昭著的标志,是戒、定、慧所熏修的成果。

公元前485年2月15日,释迦牟尼涅槃,按照他的嘱托,葬礼准备了6天,到了第7天,众人抬着遗体往城南火化,当柴木堆积在棺停四周后，柴堆竟自燃起火，火焰冲天，棺停遗体迅速消失只剩下一堆晶莹的舍利。弟子们把佛骨舍利拿到议事厅，围在中间，敬献花环、香料等供品，以表礼敬。

到公元前3世纪，阿育王统一印度，大弘佛法，他把佛陀真身舍利分成84 000份，分别盛入84 000个宝函，起造同等数量的塔供人膜拜。还派了许多高僧前往世界各地弘扬佛法。按佛经的说法，释迦牟尼的舍利名为身骨舍利，又叫生身舍利。它又分为白色骨舍利、黑色发舍利、红色肉舍利三种。法门寺所出的佛指骨，就属于骨舍利。随着佛教的广泛流布，佛教僧人和信徒日众，佛的真身舍利却愈来愈难以寻到，所以佛经里即有了专门指示崇佛之人找寻制作舍利替代品的论述。法门寺出土的三个"影骨"应该就是佛真身舍利的替代品。

佛教发生发展的数千年时间，在纵横数万里的地域空间中，留传出土的佛陀真身舍利，何其稀少，所以用"珍贵来形容法门寺的佛指舍利一点也不过分。这么珍贵的佛真身舍利是如何传入中国的呢？在中国的古书中，曾记录了不少汉魏时以佛舍利传教弘法的史实

法门寺

故事:曹魏明帝时,因准备扩建宫室,想毁坏皇帝宫殿西面的佛塔,一外国和尚闻讯后前去阻止,他面见明帝,陈奏毁坏佛塔的利害,让宫人预备一金盘,盘内盛满水,只见此僧口中念念有词,将一枚佛舍利投入水中,顿时五色异光辉映闪耀,良久不灭。

魏明帝大感惊诧,以为佛祖显灵,于是打消了拆塔的念头。法门寺的佛指真身舍利,也就是在佛教早期东传中土的过程中,由印度来华的梵僧带来的。

把中国佛教的舍利崇拜推向极至的是唐代的诸位皇帝。唐王朝从高祖李渊武德元年始,共历 22 代,到唐哀帝李柷四年结束经过 200 个春秋,其中真正临朝执政者,除武宗李炎排斥佛教,多为崇信佛教之君。有唐一代,诸位皇帝曾七迎佛骨,仪式隆重,场面宏大,供奉珍宝数量众多,都是空前绝后的,这就是为什么法门寺除出土佛真身舍利外,还出土了大量珍贵的文物,那些都是历代皇帝虔诚地供奉给佛祖的礼物。唐宪宗时期,当时任刑部侍郎的大文学家韩愈看到人们狂热的崇佛行为,认为那是铺张浪费、伤风败俗,留下了千古名篇《谏迎佛骨表》。

舍利谜团

法门寺佛骨舍利的出土解开了历史上的一个谜团,使虚无缥缈的神话一下子变为现实。但佛真身舍利是如何传到中国?又是因为何原因落足法门寺的?还都是待解之谜。

据佛教经典释义,佛教术语所说的曼荼罗,是指坛场或称道场,为"圣贤集会之处,万德交归之所",即筑坛安置诸尊诸德于此以祭供而使佛门弟子修法得道,"圆满功德,成就悉地"。唐密曼荼罗,则是唐代佛教密宗汇集佛和菩萨以实现修法"即身成佛"的道场。

佛教密宗也称密教,是佛教中的重要宗派,约在公元 7 世纪至 13 世纪形成于印度佛教发展的最高阶段。唐开元年间,被后人称为"开元三大士"的善无畏、金刚智、不空三人先后来华,将印度正纯密教传入中土。后经深得密教金刚、胎藏两大法真谛的惠果融会贯通,与中国传统文化相结合,创立了与印度密教有别的具有中国特点的"唐密"体系。"唐密"是中国密教发展的最高阶段,并经惠果的弟子传播到海外。

据史载,唐代自唐太宗始,法门寺就成为迎奉佛骨的圣地,每 30 年开塔迎送一次,共有 7 位君主先后迎奉佛骨。在此期间,密教也传入中国并形成"唐密",法门寺自然成为皇室供奉真身佛骨舍利的至高无上的唐密曼荼罗内道场。在法门寺地宫出土的《大唐咸通启送岐阳真身志文》碑刻中,就有"先朝乞结坛于塔下"的记载。唐懿宗咸通 15 年正月初四,法门寺地宫最后一次封闭。直到 1987 年 4 月 3 日,深藏地下 1113 年的佛骨舍利及唐代诸帝所赐奉的 2000 多件稀世珍

法门寺

119

品,随着地宫发掘始得重见天日。

经过认真地考证研究发现,整个法门寺地宫在封闭时被布置为唐密曼荼罗,这个佛骨舍利供养的坛城是佛教世界至高无上的圣境。真身宝塔地宫是古印度供养舍利方式与中国传统墓葬制度

法门寺

相结合的产物。地宫建制一如唐朝帝王陵寝,但其建法却依密教布坛之法修建布置,结坛有序。三枚影骨、一枚真骨的佛骨舍利供养中心按照"坛结塔下"的密法仪轨而铺陈,其中放置唯一真正佛骨的五重宝函安放在地宫后室的秘龛中,形成了地宫道场的最高秘境。

其他诸多精美绝伦、品类繁杂的奇珍异宝也井然有序,从而总体结集为内道场舍利供养曼荼罗世界,具有鲜明的"唐密"文化内涵。地宫发掘时发现的一些文化现象,表明地宫封闭前做过盛大的舍利供养法会。

专家认为,法门寺地宫佛骨舍利供养曼荼罗世界的发现,进一步昭示了法门寺佛教祖庭和"唐密"最高法界的历史地位,填补了晚唐密宗史的空白,并可考证解释日本东密历来争论或存疑的一些问题。

濮阳西水坡星图之谜

西水坡

西水坡位于河南省濮阳县城老城墙的北侧，原是濮阳老城内的一块低洼地，该墓葬是西水坡考古现场发现的第45座古墓，所以它被命名为西水坡45号墓。古墓，古老得连棺椁都没有的墓坑。

经碳十四测定，并经树轮较正，此墓大概属于新石器时代仰韶文化中期。墓主人头居南、足朝北，其东为一蚌壳塑龙像，张牙舞爪，栩栩如生；其西为蚌壳塑虎像，缓步平视，威风凛凛；其北为蚌壳塑三角形和人的两根胫骨构成的图案。45号墓中3具殉葬人的摆放位置很特别，被分放在墓穴中东、西、北三个方向，并特意斜置形成一定的角度。由于发掘的原因，现在我们只能看到西边的女童殉葬人。通过骨架鉴定，殉葬人的年龄都在12岁至16岁之间，他们的头部有刀砍的痕迹，都属于非正常死亡。

《尚书·尧典》中记载，古人当时已经有了很完整的文化观念：认为春分、秋分、夏至、冬至是由四位天文官分别掌管的，即"分至四神"。位于遗址最南端的31号墓的主人是司掌夏至的

神,而45号墓中的3具殉葬人则分别象征着春分神(东)、秋分神(西)和冬至神(北),四时的演变在这里表现得极其完整。

墓的主人

古人为何要将天象搬到地下?墓葬的主人到底是谁?考古学家习惯以随葬品的多寡来推测墓主人的地位。而45号墓中却几乎没有什么随葬品,甚至连日常的生活用具都没有,陪葬他的居然是整个天上的星斗,可见墓主人的身份很不一般。有人猜是黄帝,有人猜是伏羲,有人猜是颛顼,还有人猜是蚩尤。但是,时至今日,墓主人的身份依然是个谜团。

约7000年前,人类对大自然的崇拜,使他们对于天象的了解达到了很高的程度,祭天地、敬祖宗、礼神灵,成为人类最重要的"工作"。传说中有"颛顼乘龙至四海",在这个墓中却得到"人骑龙"的蚌塑,这难道也是一种巧合?

二十八星宿之说在天文学中占有无可替代的重要地位。然而,在人们广泛接受的同时,一些不解之谜也始终困扰着人们:远古的人类在创立这一恒星体系的时候,为何要选取"二十八"这一数字呢?划分二十八星宿的标准是什么?

科学分析

著名考古学家、中国社会科学院考古研究所的冯时教授,是最早关注墓中星图的专家。当冯教授在北京看到濮阳西水坡45号墓的平面图后,即被墓主人脚下小小的三角形所吸引。这个细节让冯教授产生了很多疑问:这是否与北斗有关?斗柄为何用人腿胫骨而不是蚌壳?各种精心安排,我们的祖先到底要表现出什么？令人十分遗憾的是，据最早组织发掘这一墓葬的濮阳市文化局原副局长孙德萱介绍，这一北斗图形"原作"已经不全了，由于不知道这个图形如此重要，围观的人又特别多，那两根当作斗柄的小孩儿胫骨竟然丢失了。

如果这个图案是北斗，为何斗柄不用蚌壳而用人的腿骨呢？这非常耐人寻味。北斗是古人来计时的星象，但北斗只有在夜晚才能看到，那么白天如何计时呢？于是人们学会了立表测影。最古老的立表测影的方法是古人通过对人体影子的方向的改变而逐渐学会的，所以最初的测影工具只是模仿人体来设计，这就是"表"。正因人体、表与时间具有这种特殊关系，所以古人把计量时间的表叫作髀，而髀的意思是人的腿骨。濮阳西水坡45号墓中的北斗图，把腿骨、表和时间这三个方面联系起来，体现了古人通过立表测影和观测北斗来决定时间这两种方法的结合。

在45号墓蚌壳虎的腹部，还有一堆散乱的蚌壳。当时许多人认为这

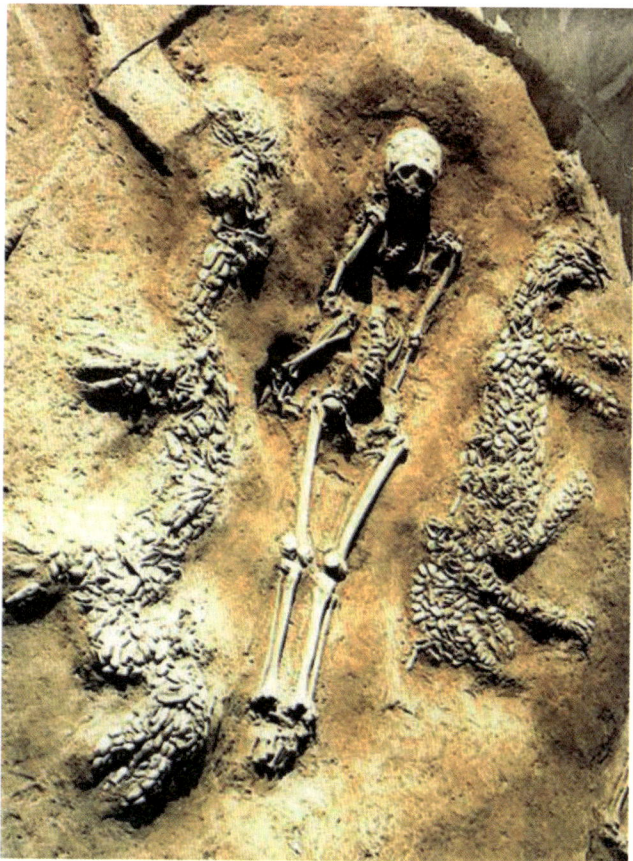

濮阳西水坡遗址

是多余的蚌壳,是古人随意丢弃在那里的。但是,冯时教授发现,这堆位于虎腹下的蚌壳,与曾侯乙墓中虎腹下的火形图案正好可以相互印证,完全是精心摆放的"星座"。将濮阳西水坡45号墓中的图案与曾侯乙墓漆箱盖上图案对照,它们反映的内容完全一致,因此只能有一种解释:蚌塑图像就是一幅"星图"!

根据当年的发掘简报,当时与45号墓同时发掘的,还有31号和50号两座墓葬。50号墓共葬有8人,尸骨凌乱;而31号墓仅葬一孩子,骨架恰恰少了两根腿骨。尸骨没有胫骨,而墓框大小正好是没有胫骨的尺寸,这意味着一定是这孩子先被截掉胫骨后再被埋葬的。古人认为南象征着天,司掌夏至的神住在那里。于是古人把这个处于天的位置,象征夏至之神的腿骨截下来作为北斗的斗柄。31号墓与45号墓与中间的第二组、第三组蚌塑恰恰在一条南北子午线上,虽然相隔20米,但却可以看出是一个整体。显然,45号墓中的蚌塑星图,再现了当时的实际星空,体现了古人以恒星授时并与测量日影相结合的深刻寓意。

古人将黄赤道带附近的星空划分为四大部分,并各由一批星官构而成,合称四象或四灵等。汉代著名科学家张衡曾说:"苍龙连卷于左,白虎猛据于右,朱雀奋翼于前,灵龟圈首于后。"这就是东苍龙、西白虎、南朱雀、北玄武的四组图像。其中北方是由麒麟经过漫长的演变后成为"玄武"的,远古北方的"形象代表"就是鹿形、牛尾、独角的"麒麟"。

在中国传统的星象观念中,北极星是君主的象征。而北斗七星围绕着北极星旋转,终年不会没入地平线。民间认为,一切节令均与北斗的位移有关。司马迁的《史记·天官书》称:"斗为帝车,运于中央,临制四乡。"古人把天空划分为东西南北中五个

濮阳市风光

宫,中宫的主要星象就是北斗七星,东西南北四个宫各管辖着七星,即二十八星宿。为便于识别和记忆,古人分别用龙、虎、雀、麒麟四种动物命名,这就是我们现在常说的四象。

龙、虎、鸟、麒麟分别被认定为东西南北四组恒星的总体形象是不存在疑义的。但是,濮阳西水坡 45 号墓中的蚌壳塑龙、虎,是否只是一种偶然?

考古学家和天文学家认为,这绝非巧合!就在 45 号墓南边不远处,有同属于 45 号墓主人的两组依次被称为 2 号和 3 号蚌图遗迹出土,2 号遗迹中有龙、虎、鸟和麒麟四图像,3 号蚌图中也有虎和人骑龙等图像。因此,完全有理由认为,濮阳西水坡 45 号墓就是四象系统中的早期图像。

良渚文化消失之谜

良渚文化

1936 年，在浙江余杭良渚镇出土文物中发现了古文化遗址——良渚文化。良渚文化遗址广泛分布在长江下游环太湖流域的广大地区，距今 5300~4100 年，良渚先民在那里生息繁衍了一千多年，开始用石犁种水稻，用麻和丝编织衣裳，制作精美的黑陶作为生活器皿，居住在干栏式的房屋中，在夯建的土堆高台上构建了雄伟的宫殿，尤其是大量雕琢精致的玉器，达到了同时代的最高水平，令世界惊叹。

但是，在当时处于最发达文化之一的良渚文化在距今 4100 多年前突然衰退消失，令人匪夷所思。究竟是什么消解了良渚文化，一直以来，众多学者倾力研究，却没有定论。

气候变化

良渚文化的消失是在全新世中期，距今约 7000~3000 年的气候暖湿期，即大约在距今 4000~3000 年前后出现了高海平面，由海水入侵或者降水量增多造成江河湖泊的高水位引起的，或者是二者同时作用的结果。

全新世以前的地质气候阶段叫末次冰期，是全新世以前的一次万年时间尺度的较强的冰期，当时我国东部温度比现今低10~12摄氏度，长江中下游降水量仅为500毫米左右，比现今少百分之五十以上。由于温度低降水少，高纬度冰雪量增加，海平面比现今低150米，我国东部海岸线较现今东扩800~1000千米，当时台湾海峡海水退去，大陆与台湾连成一片。在此之后，大约在距今一万年前进入全新世前期，其主要特点是气温迅速升高，海平面也迅速升高。

全新世中期是全新世中最温暖潮湿的时期，平均温度比现今高2~3摄氏度，降水量比现今多200毫米以上，称为最适宜气候期。在黄河中游，人类文明发生了一次巨大的飞跃，产生了以旱作农业为主要特征的彩陶文化，即仰韶文化。

长江中下游出现了以稻作农业为

良渚文化出土文物

主的良渚文化等史前文化。但是,由于降水量多,两极冰雪和大陆冰川融化,海平面上升到了全新世以来的最高水平。长江三角洲和渤海湾等沿海低海拔地区均出现海侵,长江三角洲海岸线比现今向西内退 180~200 千米。长达数百年甚至上千年的海侵,是导致低海拔沿海地区古代文明中断的主要自然环境因素。

在距今 3000 年左右的时候,气候迅速转冷,称为新冰期。不久虽又回暖,但是温度的总趋势是波动式下降,气候变干。大约在距今 900 多年前进入小冰期,300 多年前温度降到最低,大约比现今低 1 度以上。150 多年前小冰期结束,以后温度逐渐升高,特别是 20 世纪末 21 世纪初,由于工业化造成的二氧化碳等温室气体增多等人为影响,温度升高加速。

消失之谜

在此不得不提的两个与良渚文化消失可能有关联的重大历史事件,一是大禹治水。这一事件发生在 4100 年前尧、舜、禹时代的大洪水,至少出现在长江流域,很可能也出现在了黄河流域,大洪水至少持续了几十年,大禹治水开启了中华民族有明确记载的历史,有大洪水的基本事实是可靠的。

良渚文化消失的时间是距今 4100 多年前,与尧、舜、禹时代的大洪水在时间上是一致的。另一个便是古希腊文明的消失。爱琴海是古希腊文明的摇篮,古希腊文明首先在克里特岛发展,这一地区海拔高度很低,在距今 4000 年前,由于海平面上升,古希腊文明突然湮灭。古希腊文明的湮灭与我国良渚文化的消失时间上非常一致,海平面的变化是全球性的。距今 4100 年前左右的海平面上升,在西方毁灭了古希腊文明,在东方毁灭了良渚文化。

气候环境和人类活动是相互影响的。在整个农耕社会，基本上是"靠天吃饭"，气候环境的变化对人类活动的影响却是很大的，甚至具有决定性的影响。

全新世中期，高温湿润的适宜气候环境使人类文明发展出现了一次飞跃，进入了新石器时代。这种气候环境非常有利于我国北方黄河流域以旱作农业为主的人类文明的发展，对长江中下游和环太湖地区以稻作农业为主的文明的发展也比较有利。但是在气候特别暖湿并引发海侵或者江河湖泊水位大幅度上涨的时候，文化发展会被中断。因此，在全新世中期，我国的文化虽然是多元的，但是主要政治经济文化中心转移到我国北方的黄河流域。

而距今 3000 年前后，进入全新世晚期，先后经历了新冰期和小冰期，温度波动式下降，气候逐渐变冷变干，北方的气候环境逐步变坏。相反，长江中下游和环太湖地区，气候环境变得相

良渚博物院

对比较好,海平面逐渐下降,可耕地面积增加。西周初期以前,耕地主要位于黄河中游,从西周初期开始,在人口增加的压力下,以黄河中下游为中心,耕地不断扩大,主要是向南方扩大,到了隋唐时期,耕地已经扩大到整个华南,经济文化中心逐步转移到长江中下游一带,在明清时期达到鼎盛。

3200年前周朝王子泰伯奔吴,开创了吴文化,2600年前鲁国孙武投靠吴王阖闾并完成《孙子兵法》,魏晋时期中原大批文人举家南迁到长江中下游,大大促进了南方文化的发展。

这些对长江中下游地区文化的发展有重大影响的历史事件,虽然在当时都有各自的社会政治动因,但是从北方气候变坏,南方气候环境条件变得相对比较好的大背景不难看出,在全新世晚期,中国经济文化中心的南移,可能与北方气候变坏有关。

可以说,良渚文化突然消失的主要原因,是海侵和降水量增多形成水泽环境造成的。河姆渡文化和马家滨文化的中断,可能与良渚文化中断的原因类似,但这还需要更多的事实确认。

对良渚文化消失的原因有三种观点的不同意见和质疑:气候恶化论认为,距今四千年前,出现了三百多年的严寒,导致以稻作农业为主的良渚文化一蹶不振。洪水论认为,距今四千年前后发生过特大洪灾,给良渚先民造成灭顶之灾,摧毁了即将成熟的良渚王朝;考古学界则有人提出了内因论,认为社会内部矛盾激化导致良渚文化的消亡。

三星堆千古之谜

三星堆

三星堆古遗址位于四川省广汉市西北的鸭子河南岸，分布面积 12 平方千米，距今已有 5000 至 3000 年历史，是迄今在西南地区发现的范围最大、延续时间最长、文化内涵最丰富的古城、古国、古蜀文化遗址。现有保存最完整的东、西、南城墙和月亮湾内城墙。三星堆遗址被称为 20 世纪人类最伟大的考古发现之一，昭示了长江流域与黄河流域一样，同属中华文明的母体，被誉为"长江文明之源"。

出土品

三星堆出土的大量珍贵文物，将辉煌的古蜀文

三星堆出土文物

131

明真实而又让人匪夷所思地展现在我们面前。其中最神奇最令人惊叹的，便是众多青铜造像了。这些青铜像铸造精美、形态各异，既有夸张的造型，又有优美细腻的写真，组成了一个千姿百态的神秘群体。

三星堆遗址

在众多的青铜人面像里有三件著名的"千里眼、顺风耳"造型，它们不仅体型庞大，而且眼球明显突出眼眶，双耳更是极尽夸张，长大似兽耳，大嘴亦阔至耳根，使人体会到一种难以形容的惊讶和奇异。而它们唇吻三重嘴角上翘的微笑状，又给人以神秘和亲切之感。

其中最大的一件通高65厘米、宽138厘米，圆柱形眼珠突出眼眶达16.5厘米。另一件鼻梁上方镶嵌有高达66厘米的装饰物，既像通天的卷云纹，又像长有羽饰翘尾卷角势欲腾飞的夔龙状，显得无比怪诞诡异，为这类揉合了人兽特点的硕大纵目青铜人面像增添了显赫的气势和无法破解的含义。

在世界所有考古发现中，三星堆遗址出土的青铜神树，称得上是一件绝无仅有极其奇妙的器物。青铜神树分为3层，树枝上共栖息着9只神鸟，显然是"九日居下枝"的写照，出土时已断裂尚未复原的顶部，推测还应有象征"一日居上枝"的一只神鸟，同时出土的人首鸟身像或者立在花蕾上的铜鸟也许就是吧？繁茂的树枝、果实及花朵，尾在上头朝下攀援在青铜神树上的神龙，让人们在惊叹之后常会引起这样的思考：古代蜀人采用极其高

超的青铜工艺和造型艺术铸造这件充满了神奇想象力的青铜神树,究竟是作什么用的呢?

发掘遗址

四川广汉南兴镇北,古老的马牧河蜿蜒淌过,在三星堆村形成一月牙般弯道——月亮湾,河南岸是三个起伏相连的黄土堆与之相望,此即清《嘉庆汉州志》记载的三星伴月堆。这里就是古蜀先民生息繁衍之地,闻名中外的三星堆遗址。

从 1929 年三星堆被发现至今,关于三星堆的发掘已经进行了 12 次。

但直到今天为止,三星堆遗址及其出土文物的许多重大学术问题,仍是难以破译的千古之谜。至今,专家学者们关于三星堆著名的"七大千古之谜"仍然争论不休,但终因无确凿证据而成为悬案。

第一谜,三星堆文化来自何方?目前有其来源与岷江上游新石器文化有关、与川东鄂西史前文化有关、与山东龙山文化有关等看法,即人们认为三星堆文化是土著文化与外来文化彼此融合的产物,是多种文化交互影响的结果。但究竟来自何方?

第二谜,三星堆遗址居民的族属为何?目前有氐羌说、濮人说、巴人说、东夷说、越人说等不同看法。多数学者认为岷江上游石棺葬文化与三星堆关系密切,其主体居民可能是来自川西北及岷江上游的氐羌系。

第三谜,三星堆古蜀国的政权性质及宗教形态如何?三星堆古蜀国是一个附属于中原王朝的部落军事联盟,还是一个相对独立的已建立起统一王朝的早期国家?其宗教形态是自然崇拜、

祖先崇拜还是神灵崇拜？或是兼而有之？

第四谜，三星堆青铜器群高超的青铜器冶炼技术及青铜文化是如何产生的？是蜀地独自产生发展起来的，还是受中原文化、荆楚文化或西亚、东南亚等外来文化影响的产物？

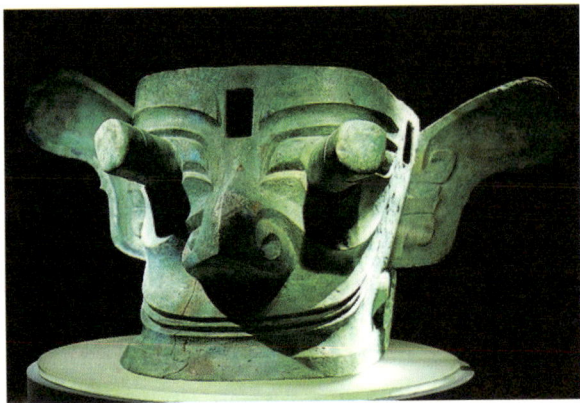

三星堆出土文物

第五谜，三星堆古蜀国何以产生、持续多久，又何以突然消亡？

第六谜，出土上千件文物的两个坑属何年代及什么性质？年代争论有商代说、商末周初说、西周说、春秋战国说等，性质有祭祀坑、墓葬陪葬坑、器物坑等不同看法。

第七谜，晚期蜀文化的重大之谜"巴蜀图语"。三星堆出土的金杖等器物上的符号是文字？是族徽？是图画？还是某种宗教符号？可以说，如果解开"巴蜀图语"之谜，将极大促进三星堆之谜的破解。

目前发掘成果看，已能确认三星堆遗址为古蜀国的中心遗址和规模宏大的古城，三星堆的发现将古蜀国的历史推前到5000年前，证明了长江流域与黄河流域一样同是中华民族的发祥地。21世纪通过更系统、更有计划地研究，一定会长成参天大树，三星堆千古之谜的面纱也将逐步撩开。

秦始皇陵地宫之谜

发现皇陵

从西安驱车东行约 20 千米到达临潼县,在临潼县城东侧就是始皇陵巨大陵园区,古时称骊山园。由于长期水旱兵乱、明挖暗盗,地面建筑早已荡然无存,只留下那山峦般的封土孤零零地耸立在骊山脚下。

1974 年 3 月,临潼县西杨村几位打井村民意外挖掘出秦兵马俑,庞大的兵马俑军团以其精湛的技艺、完美的造型让世界为之惊叹。一时间,这片神奇的土地吸引了世界的关注。

对秦始皇陵园第一次全面的考古勘察始于 1962 年,考古人员绘制出了陵园第一张平面布局图,历经两千多年风雨沧桑的秦始皇陵园,第一次清楚地露出它的轮廓。经探测,陵园范围有 56.25 平方千米,相当于 78 个故宫,面积之大在世界上也属罕见,因此引起考古界轰动。

在陵墓中心区,考古人员勘测出地下有保存完好的建筑遗址,布局长方形,有内、外两城,封土位置位于在内城的南半部,近似方形,占地面积近 25 万平方米。

巨大的封土是用一层层黄土夯筑而成,经过两千多年前,夯

土依然细腻结实，可见工程劳作之艰辛。

有一种说法认为秦始皇正好活了 50 岁，因此他决定将陵园封土修筑五十丈高，即现在的 115 米，事实是不是如此呢？

明代学者都穆在他的《骊山记》中，忠实地记录了陵园内外城、门址的具体尺寸，但他所记载的封土高度只有 14 余米。1906 年，日本学者来到秦始皇陵，在实地测量后认为封土高度应为 76 米。1917 年，一位叫萨加伦的法国学者测得封土高度约为 46 米。

秦始皇陵封土高度究竟是多少？袁仲一先生是参加兵马俑发掘的专家之一，多年来一直参与秦始皇陵的考察研究工作。他认为，秦始皇陵整个地形像一条鱼脊，从不同角度测量就会得出截然不同的数值。

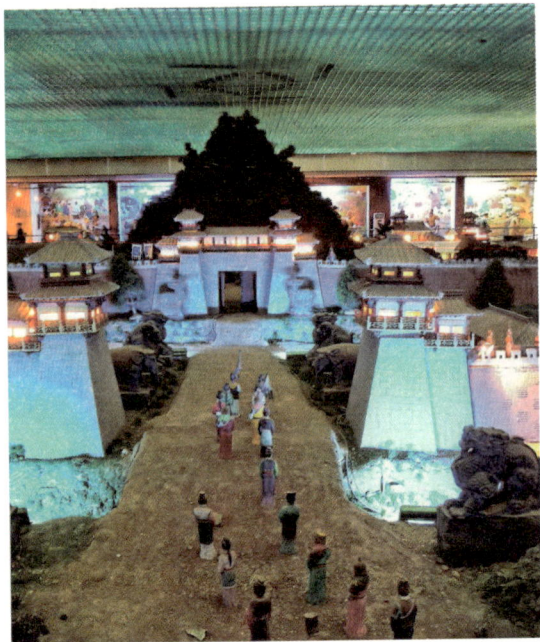

秦始皇生前穷奢豪

秦陵地宫展览馆

华,死后巨大的封土也能显示他的尊威。封土还有另一个重要作用,就是保护下面的地宫。

秦始皇陵考古队在封土南部向下约十六七米处发现一层厚厚的石层,最厚处竟有三四米,这是文献资料中从来没有记载过的。这厚石层会不会是地宫的顶盖?其实,从 1962 年以来,对秦始皇陵的考古勘察工作一直没有中断,由于主要采用取地下土样来进行分析,需要花费大量精力,因此要进一步查明封土之下的情况还需相当长的时间。

经探测,考古队确定了城墙的大概位置。通过发掘,发现内城墙宽 3.5 米,城墙上的建筑可作为推测地宫建筑的依据。考古队在封土附近探测出一个长方形宫墙遗迹,南北长 460 米,东西宽 392 米。经考证,宫墙之内就是地宫在地面的开口面积。

深度之谜

地宫是放置秦始皇棺椁和随葬器物的地方,两千多年来,深藏地下的地宫构成了先秦文化中最大的谜团之一。

关于秦地宫最早的历史文献记载是司马迁的《史记》:"始皇初继位,穿治骊山,及并天下,天下徒送诣七十万人,穿三泉,下铜而致椁,宫观百官奇器珍怪徙臧满之。令匠作机弩矢,有所穿近者,辄射之。以水银为百川江河大海,机相灌输,上具天文,下具地理。以人鱼膏为烛,度不灭者久之。"

司马迁展示了始皇陵的情景,穿三泉而建的地宫充满穷奢豪华的陪葬品,有以水银来表现得百川大海,有防止盗墓的机关弩矢,宫顶装饰天文星宿之象,地上模拟统一后的中国疆域,还有用鲸鱼油做成的长明灯,照亮了整个地宫,经久不息。

科学家推测：地宫形状为拱形，直径约 50 米，地宫中有四条直径 25 米的青铜环状物，总重超过万吨。地宫结构应和春秋战国及秦汉时期的大型墓室结构近似，即多层台阶或近似方形的土圹。墓室由巨型竖井式圹穴构成，犹如一个倒置的'四棱台体'。

地宫的深度是研究者们争议最大的地方。其中最大胆的推断出自于欧洲核子研究中心的研究人员，他们推断地宫的深度在 500 米到 1500 米之间。

多数中国学者认为这个数字难以置信。有人推断地宫的深度至少在 50 米以上，其重要依据是湖北大冶铜绿山发现的战国古铜矿竖井深度已达 50 米。通过对地下水位的研究，认为深度应为 23 米，而秦代最有代表性的秦王陵墓凤翔秦景公大墓深度为 24 米，秦代墓圹中墓道与水平面约为 10 度左右。经计算得出秦陵墓道长度约 200 米，而地宫深度应为 43.73 米。

神秘莫测

司马迁对地宫结构的文献记录中，唯一可验证且已经验证的就是关于水银的记载。研究人员日前对秦始皇陵园进行汞含量测试，发现在封土中心 1.2 万平方米的范围内有一个强汞异常区。封土中的汞异常是地宫大量存在的水银挥发造成的，其分布呈有规律的几何形，证实了《史记》中的"以水银为百川江河大海"。

在我国古代，炼丹家已掌握了将硫化汞分解得到水银的方法。如果始皇陵地宫中以水银为百川、大海，估计至少使用了一百吨水银。秦始皇以水银为江河大海的目的，不单是营造恢弘的自然景观，在地宫中弥漫的汞气体还可使入葬的尸体和随葬品保持长久不腐烂。而且汞是剧毒物质，大量吸入可导致死亡，因此地宫中的水银还可毒死盗墓者。

这些数量巨大的汞矿是从那里来的呢？据考证，四川东南一带是春秋战国时期汞矿的主要产地。当时川东南一带的汞矿跨长江、溯嘉陵江而上，走巴山，过汉水，经过千里栈道运到关中，其艰辛可想而知。

秦始皇从 13 岁即位起就着手修建自己的陵园，前后历时 38 年，比埃及胡夫金字塔的修建时间还要长，征集的劳役最多时达 70 万人，陵园工程之浩大、占地之广阔、珍藏之丰富，堪称世界陵园之最。几千年来，由于长期的水旱兵燹，明挖暗盗，秦陵宏伟壮丽的地面建筑早已荡然无存，只留下那山峦般的封土堆孤零零地耸立在骊山脚下。

地宫中埋藏着些什么？这是从古至今人们都十分关心的问题。关于秦陵地宫最早的历史文献记载是司马迁的《史记》："穿三泉，下铜而致椁，宫观百官奇器珍怪徙藏满之。令匠作机弩矢，有所穿近者，辄射之。以水银为百川江河大海，机相灌输，上具天文，下

秦陵地宫展览馆

具地理。以人鱼膏为烛,度不灭者久之。"意思是说,修建秦陵墓室时深掘至第三层后地下水涌出,秦人采用铜液浇灌,并涂以丹漆,上面再放棺椁;地宫中有文武大臣的位次,充满穷奢豪华的陪葬品,遍布奇珍异宝;地宫门置有各种弩机暗器,以防止人盗掘……

一般来讲,地宫是皇帝灵魂居住的地方,所以会按照生前宫廷中的日供和应用来选择陪葬品。秦人尚乐,我国近年来出土的编钟等乐器举世震惊,可以推测秦陵地宫中也有此类乐器。秦始皇当年佩带的宝剑名为太阿,削铁如泥,吹毛立断,是我国古代十大名剑之一,据记载,这把宝剑很有可能就在墓中。另外,据史料分析,和氏璧、干将莫邪宝剑等传说中神话般的宝物,也很有可能埋藏在秦陵地宫。

中国历代王朝的陵墓几乎都曾被盗过,所以,秦陵是否也被盗最令世人关心。

相传秦始皇陵地宫的周边填了一层很厚的沙子,形成沙海,此沙海构成了秦陵地宫的第一道防线。如果说沙海只是一种传说,那么暗弩则有明确的记载。史书记载:秦陵中设有暗弩,当盗贼进入秦陵触动机关时,就会被强弩射死。与暗弩配合的机关还有陷阱等等。此外,秦陵地宫中更有大量的水银,水银蒸发的气体中含毒,这也会把盗墓者熏死。

自 1974 年以来,考古工作者经反复考察和勘探,发现秦陵封土堆的夯土层的叠压关系非常清楚,没有明显的扰

秦代服饰

秦陵地宫展览馆

乱痕迹,整个封土的土层仍为秦时原状;地宫周围的地下宫墙及宫墙门道的封堵比较完好，无法证实秦陵曾被项羽等进行过大规模盗掘。

近年的探测证明了地宫内仍有极强的汞异常反应，汞含量点比较集中并有规律，说明地宫内的汞没有经过大规模的扰动，这就推翻了项羽掘墓和地宫失火之说。

另外,史料记载,秦陵地宫曾遭火焚和洗劫,如果真是这样,那墓道旁的随葬品应该首先遭到破坏,但在秦陵封土下面地宫西墓道的耳室里出土的两乘铜车马出土前并没有遭到火焚和其他人为破坏,这也为地宫没有被盗火烧做了一个旁证。

考古工作者只在秦陵封土的西侧边缘及东北角发现了两个直径1米、深度不到9米的盗洞,但这两个盗洞均远离地宫,距地宫的中心部位还有约200~250米。由此许多学者推断,秦陵地宫可能至今保存完好,没有被盗,秦始皇仍在地宫安眠。

三峡悬棺不解之谜

绝壁悬棺

神农溪地处长江三峡巫峡与西陵峡之间的巴东县境内,位于长江北岸的深山峡谷里,发源于"华中第一峰"之称的神农架南坡,属常流性溪流,全长 60 千米,于西口处汇入长江。在当地峡谷的绝壁上分布着几处悬棺,令人叹为观止。

据当地村民介绍,这是古代巴人的葬身之处。三峡水库蓄水前,这些悬棺距离水面还要高得多。这些重达数百千克的悬棺,离地高度一般有几百米,奇怪的是所有的悬棺都置于几乎无法攀援的险要绝壁上,别说把棺材扛上去放好,就是空手爬上去都不可思议。

悬棺类型

悬棺大多是春秋战国时代的遗迹。那时,由于战争频繁,民不聊生,古人就选择了高不可攀的悬崖峭壁作为葬身之处,以示趋吉和尽孝之意。

悬棺葬的表现方式经专家归纳有七种类型:一是"木桩架壑

式",将棺木一头置于天然岩洞或者岩石裂隙之中,另一头则架于绝壁的木桩之上。二是"天然洞式",将天然洞稍加修整或填平,然后置棺其内。三是"人工开凿横式",人工在临江的崖壁之上开凿长方形横龛,大小宽窄以容一具或两具棺木为宜。四是"人工开凿方式",在临江崖壁上开凿宽1至1.5米的方洞或者利用天然洞加工成方洞,置棺其内。五是"悬崖木桩式",在临江崖壁上开凿横向2至3个小方孔、嵌入木桩,然后置棺其上。六是"崖礅式",在临江悬崖峭壁上有突出或凹下的岩石,因其厚重而又平坦,稳度大,或称"岩礅"或"岩缝",将棺木置入其内。七是"岩缘式",在海边陡峭的崖壁上找有突出的狭窄岩缘,形成天然平台,置棺其上。

悬葬之谜

在不同的历史发展时期和不同地区,人们的丧葬有过不同

三峡悬棺

三峡悬棺

形式。大约在春秋战国时期，巴人聚居的峡江地区就已出现悬棺这一丧葬形式。"弥高者为贵"，古代巴人认为对死者安葬得越高，越能体现对死者的孝敬，并且可以在今后的时间里不需要再行祭奠。于是将死者的尸骨置于木匣内，或将尸体置于棺材内，安放在高处。

　　相反，有人认为悬棺葬正是落土葬习俗的自然发展，具体而言，它与新石器时代的土葬墓有密切关系。当时我国的土葬墓遍及全国，包括文献记载的悬棺葬地区和考古发现的悬棺葬地区。早在新石器时代晚期，我国已经出现洞室墓和独木舟船棺的墓。悬棺岩洞墓的出现，实质上是把深入地下的洞室及其棺木抬升到高岩洞的变化。

　　也有人认为施行悬棺葬是"孝道"的表现或是为了追求吉利。把高山险峰、崇山峻岭视为生活的依托，或因其难以接近、难以触及而产生神秘感，进而把它作为神灵所居或通天之路加以

三峡悬棺

顶礼膜拜，所以他们便把死者的灵柩置于高山峻岭的崖之间。

这些悬棺是怎么"飞"上去的呢？对此，主要有三种说法：一种认为是凿路将棺材搬上去然后再将路毁掉；第二种认为是趁涨水时将棺材送上去；最后一种观点，用木制绞车、绳索、定向滑轮等工具，把棺材吊了上去。

据资料记载，1989年，上海同济大学及江西等地的专家与美国加州大学圣地亚哥分校的美国学者合作，采用绞车、滑轮等机械装置，在江西贵溪仙岩把一具重约150千克的"棺材"吊进了一个离上清河水面约20多米的悬崖洞中。新闻媒体和有关学术刊物曾竞相报道并发表论文，声称此举"重现了两千多年前古人吊装悬棺的壮观场面"，从而"解开了中国悬棺这一千古之谜"。

有人指出，由于脱离了距今千百年的时代和悬棺葬民族的社会历史背景，有关古人采用与绞车、滑轮类似的提举技术的说法，其实是缺乏有力证据的，所以要说已经解开了这一千古之谜，实在难以令人信服。

洛庄汉墓墓主之谜

洛庄汉墓

济南章丘洛庄汉墓坐落于章丘枣园镇洛庄村西 1000 米处。汉墓自 1999 年 6 月开始发掘至今共发现发掘 33 座陪葬坑，出土各类珍贵文物 3000 多件，特别是 19 件编钟、107 件编磬和三辆大型马车的发现，引起了社会的广泛关注和考古界的高度重视。洛庄汉墓的考古发现被列为 2000 年度十大考古发现之一。

出土文物

洛庄汉墓主墓室面积东西长 37 米，南北宽 35 米，总面积达 1295 平方米；东墓道长近 100 米，西墓道长约 45 米，整个墓葬总长约 180 米，深度估计在 20 米。从宏大的墓葬规模和出土文物的特点看，此墓葬属诸侯王一级无疑，是目前发现的汉代诸侯王土坑竖穴墓中最大的一座，其中共有 37 个陪葬坑和祭祀坑，也是所有迄今发现的 40 余座汉诸侯王墓中最多的一个。

洛庄汉墓最大的特色是陪葬坑、祭祀坑分三层埋葬。从上方鸟瞰洛庄汉墓的沙盘模型，整体形制清晰分为三个层面，由外而内阶梯状向下延深，整体布局形似漏斗状。最底层是主墓室和陪

葬坑,开口于汉代地表,为同一时间最早修建。上面两层为祭祀坑,是后人祭祀墓主人时后来建成。祭祀时,主墓室和陪葬坑已有封土,祭祀活动在上方夯土层中重新开掘,埋入祭祀物品,因此形成层层叠上的布局。

洛庄汉墓出土 3000 余件文物,现分别在省博物馆、济南市考古研究所及遗址公园三处存放。在公园文物陈列室,呈现了部分文物及复制品,令人不禁感慨 2000 余年前王公贵族生活之奢靡。

在沿东西墓道与犬马陪葬坑相对称的方向,是车马陪葬坑,里面共出土了三辆马车,每车均架驷马。车马具绝大多数为鎏金铜器,总数量达 1500 余件。三辆实用豪华马车一字排开,再现了墓主人生前出行的盛大阵仗。排在最前面为"立车",形制稍小,出行时此车在最前面,车里站着持有武器的武士,属于引导、开道车。中间一辆叫"安车",分为前后室,前室赶车,后室坐人。最后一辆车形制最大,也分前后室,但是后室长达两米多,人在里面坐和躺都没问题。

洛庄汉墓发掘现场

同时,在外围祭祀坑内,也发现了几匹殉马。但是大部分马匹都是简单挖几个坑埋葬了事,有一匹马却受到"隆重礼遇",挖了既深又很规整的长方形

坑,顶上还加了横梁,为什么会出现这种区别,至今不得而知。

除了犬马相伴,墓主人生前还是个"音乐发烧友"。据崔大庸回忆,当时乐器坑内堆积了满满一整坑乐器,有编钟、编磬、木瑟、悬鼓、建鼓、小鼓、于、钲、铃共计140余件,其中编钟在所有汉代编钟中保存最好、音质最好。原中国历史博物馆馆长、北京大学考古系教授俞伟超先生将其誉为"西汉第一编钟"。这些乐器组成了一支庞大的乐队,需要十几人甚至数十人共同演奏,展示了王侯宫廷乐队演奏的宏大场面。

在乐器坑中还发现八个串在一起的铜铃铛,大小如乒乓球,一侧有缝,内装有铁珠,现在摇一摇依然叮铃作响。按照崔大庸的说法,"这显然应该是与其他乐器配套使用的演奏乐器",但因从未发现过用铜铃作为演奏乐器,铜铃到底是不是和这组乐器有关,有什么作用,还是未解之谜。

墓主之谜

在三号坑、四号坑五号坑包括后来的14号坑里面都出了带有"吕"字的封泥,双口吕,吕大官印、吕内史印、大官内史……为什么会出现在这个陪葬坑里面?

根据《史记》《汉书》里面记载,汉代初期的时候曾经分封过一个吕国,是吕后当权的时候把齐国的济南郡,把齐国的济南郡,割出来分给了她的侄子吕台,建立了吕国。《汉书·高五王传》说:齐哀王襄,孝惠六年嗣立。明年惠帝崩,吕太后称制。元年,以其兄子鹿侯吕台为吕王,割齐之济南郡为吕王奉邑。

吕后上台以后,相应地把她吕氏家族的封了5个诸侯王,又追封了两个王,还封了几个侯,就是她掌权以后。那么其中济南就是齐。吕国一共先后有四任国王，吕台当上国王第一年开始，第二年就去世了，继任吕台的是第二任国王叫做吕佳，吕佳在位三五年，由于娇淫奢侈，吕后都看不下去了，就

洛庄汉墓出土文物

把他罢免了，后边的这个王就是吕敞，但是吕敞没有来过。吕敞当吕王的时候，就把这个吕国迁到了梁国所在地，就是河南这个地方。那么也就是说，在这个地方吕国在济南这个期间可能就是七年左右的时间，吕后去世以后，这个吕国就没有了，济南又改成了济南郡。所以唯一的一位可能的国王埋在这个地方，就是第一任国王吕台，就是第一任国王吕台。

当然有不同的意见。但是由于出了这个带吕字的封泥，就把这个年代，限制在了公元前180几年左右，因为吕国没了，这个印就没了。这个当时实行的是地方诸侯的制度，就是他的官职设置和中央是一样的，就是和长安城是一样的，但是在这个印信上，就是我们所说的这个印章，这上边地方的诸侯国，一般要加上地名。那么由此就是说这个吕国的这个印章是确切无疑的，最

后推测,这个墓葬的年代大概是公元前186年,它的墓主人就是第一代吕王吕台。

在展厅中央展示的一枚鎏金当卢,长约10厘米,宽约4至5厘米,上方呈半圆形,下部为锥形,中间是一匹腾飞的镂空马首龙身图案。因其保存完好,做工精美绝伦,有极高的艺术价值,被称为"镇馆之宝"。

这件当卢出土于9号犬马陪葬坑,是马额头上的一件饰品。这个坑共发现了7匹马和10条大狗,均佩戴着豪华贵重的饰品。其中,仅纯金马饰就出土40件,总重量达600余克,十只狗身上都装饰有铜环和项圈。古代贵族出行狩猎有马和犬同行的习惯,这应该是墓主人狩猎时所带的犬马。

当卢,当时是挂在马的前额上的,这个当卢特别在什么地方呢?主要特别是在里面的图案,它整个的形状呈叶形,像一个树叶的形状一样,这种形状在秦始皇兵马俑里面头饰上有,那么汉代的其他地方也有。但是里面这个图案,这是一匹S形的卷曲的一个马,马头向左,前面有两个蹄子,然后转一下身子,后面有两个蹄子。

这种艺术风格的造型的器物,是属于北方草原地区的,就是匈奴、中亚、西亚这部分地区的东西,这不是属于中华民族传统的图案。那么这种东西的形状的出土,也是在匈奴族里面,北方里面见的比较多。因为这些东西是配在马身上的,它不是别的用品,是随马而来的,而这九号坑里面发现的马不是全有,大概有四匹马有,有两匹马带的当卢,有两匹马前面实际上带的金器,这说明这四匹马非常重要,不是一般的马匹。

如果联想到墓主人,如果他是吕台的话,他原来是大将,这些马和他有关系。那么就是说推测了,这些器物是成套来的,那么这些器物是和马一块儿来的。所以后来推测,有两种可能,一种可能就是这批东西是匈奴族和当时的汉朝进行过和亲,就是送车送马的时候,连这些东西送到了朝廷,而当时吕台又是吕后的亲侄子,地位非常重要,他是武将,这批东西就后来流落他这里了,他去世以后就把这些东西原原本本地埋在地下了。这是一种可能,另外一种可能就是说特别像当卢这种东西可能是中原人自己造的,或者是外面的工匠到了中原以后,造了这种风格的这种器物,因为后来在河南、在徐州,都有这种类似的发现。

洛庄汉墓

雍正皇帝暴毙之谜

一代枭雄雍正帝，于雍正十三年八月二十三日清晨，突然暴毙在圆明园离宫中。当时官方宣称他是忽然发病身亡。但并没有明确说明雍正的病情及死因。

行刺被杀

关于雍正死因，民间流传最广的说法是，雍正为吕四娘所杀。不仅广泛流传于民间，而且一些书籍中也有大量的记载，例如《满清外史》《清宫遗闻》《清宫十三朝》等，都记载说是吕留良的孙女吕四娘刺杀了皇帝。

雍正年少时酷爱击剑，爱结交天下剑客，与其为刎颈之交者就有十三人。登极伊始，就控制

雍正皇帝像

了海内武林高手,而唯独某僧不听其使唤,隐藏到山野之中,行踪飘忽,难以缉获。一日,雍正终于得知该僧藏身处,于是命其结义兄弟三人,改扮伪装前去缉拿,同时布精兵包围。

该僧见到来的三个人,只是笑了笑说你们是受主子的命令来捕获我的,我命该绝。你们的主子气数还尚旺,我现在不能跟你们强争。但是,你们主子多行不义,屡屡以私恨杀人,今天我虽然要死了,你们和你们的主子也必然不能幸免。一个月后,必然有人为我报仇,你们等着吧。说完这些话,该僧即伏剑自杀了。

三个人携带着该僧的首级回去复命,并将他们听到的也报告了雍正。雍正非常害怕,寝食不宁,加强了防卫。但一个月后,却还是让吕四娘用飞剑削去了脑袋。吕四娘就是该僧的徒弟。又一说是吕四娘是吕留良之孙女。吕留良系清前期有名的文人,雍正六年吕留良因曾静案被牵涉,被雍正从墓中挖出戮尸。

十年十二月,吕留良其子葆中、毅中被处死。其亲人也被严加处置,孙辈发配边疆为奴。传说吕四娘逃脱,潜藏深山,拜师习剑,练得飞檐走壁、飞剑杀人的本领,后潜入宫内,以宫女身份混入皇宫侍奉皇上,伺机行刺。

雍正十三年某夜,她潜入圆明园斩掉了雍正脑袋,报了她的灭家之仇。还有人传说除吕四娘外,还有一位名为鱼娘的女子做帮手。即使下笔谨严的学者,在提到世宗雍正之死时,也会提及这些传闻。但也有人认为这种行刺之说纯属谣言,不值得相信。

首先,吕案发生后,其家人皆受罚,无漏网之鱼。其次,吕四娘根本不可能混进宫。虽然曾经也有过罪犯眷属特别是15岁以下女子,被收入官为奴,像株连在吕案中的严鸿速、黄补奋等,其妻妾子女即服侍于功臣家,然而吕氏的孙辈都在宁古塔成为奴

隶，犯大罪的人犯多是这样下场。所以，吕四娘不可能混入宫中。另外，紫禁城内明令整肃，在雍正继位的第二年起，在本已经是戒备森严、连飞鸟都难进入的宫廷护卫下，又设护军营，专职保护皇帝的安全。

在这种情况下，很难想象一个女子，即使她是一个武艺高超的人，能穿过昼夜的巡逻和森严的戒备，轻易地进入深宫刺杀皇帝。其实，在满清时期，因满汉民族矛盾等，试图刺杀皇帝的人大有人在，并且一直都在积极行动，寻找机会，但都没成功。因而，雍正遇刺身亡的说法一直是受到质疑的。

嗜食丹药

还有人认为雍正既不是遇刺身亡，也不是寿终正寝，而是长期服丹药中剧毒而亡。雍正在皇子时代就直接或间接地与道士有交往，突出的一件事是他相信武夷山道士给他算的命。那时，诸皇子明争暗斗，纷纷图谋储位。雍正迷信天命，在政治厮杀中总想预知自己的前程。炼丹是道教期望不死成仙的基本修炼方法，历史上炼丹家往往就是道家，故此人们也把道教称作丹道。历代幻想长生不老的帝王大多迷恋仙丹之药。雍正是中国历史上最后一位热心烧炼服丹致死的皇帝。

据说，雍正晚年长期食用丹药。他曾密诏地方督抚大员为他推荐名医方士，寻长生不老之药。雍正还罗织了一帮道士为他炼丹药，晚年便靠食丹药养生，结果中毒而死。从一些史料记载看，雍正确实嗜仙道而服食丹药。

在历史上，嗜食丹药而求治病或求长寿的皇帝不在少数，死在其上的皇帝也不乏其人。从已经解密的清朝宫中的档案等资

料中也得出了同样的结论。雍正生前,在宫中曾蓄养了一些所谓的僧道异能之士,为雍正炼丹制药,雍正对这些僧道异能之士礼遇有加。

在他驾崩后的第三天,也就是八月二十五日,其子乾隆即突然下令驱逐所有的炼丹道士出宫。新君刚登基,又因为雍正是突然驾崩,乾隆一定有很多重大而紧急的事要做处理,而在这时却紧急驱逐道士,这种做法确有奇异之处,不能不让人生疑。

其他谬传

有一本书,叫《梵天庐丛录》。这本书是说雍正是被一个宫女给勒死的,但是还差一点,又被救活了。有的学者考证雍正是得了中风死的。很多的学者同意这种看法,但是也没有确凿的证据说他就是死于中风,也是算一说吧。

那么雍正皇帝究竟是怎么死的呢?史料中对雍正皇帝死因的记载很少,只在《东华录》卷三十二中有寥寥数语:雍正十三年八月二十三日,雍正皇帝在圆明园患急症突然去世,至于具体的原因,《东华录》也没有记载。

雍正帝的死因被这种种说法蒙上了层层的神秘面纱,让人难以看清它的真相。

雍正皇帝塑像

咸丰客死他乡之谜

在中国的历史长河中，贵为天子的皇帝客死他乡的实属少见，而被英法殖民者赶出京城的咸丰却客死他乡。

英法联军的刺刀把咸丰一步步逼向回天无力的苦难深渊时，以太平天国为首的反清烈火也越烧越旺。太平军的三河大捷，使湘军元气大伤，所谓"敢战之才，明达足智之士，亦凋丧殆尽"。咸丰闻讯，面如死灰。他感到脚下的大地在旋转，感到自己极力支撑的"天"，真是要摇摇欲坠了。

面对着土崩瓦解的半壁江山，咸丰的意志和他的健康状况一样急转直下，迅速崩溃。他自知回天无力，早年英姿勃发，扭转乾坤的锐气已无影无踪。在西方资本主义大潮的冲击下，中国古老的封建主义大堤又一次崩溃了。面对着洪水猛兽般的西方列强，也曾愤恨，也曾抗争过的咸丰皇帝终于失败了。

仓皇出逃

咸丰十年八月初八，咸丰一行仓皇出逃后，如惊弓之鸟，日夜兼行，因御膳及行李帐篷等俱未齐备，当天，咸丰皇帝仅吃了两个鸡蛋，第二天也仅和后妃宫眷们分食几碗小米粥。往日如花似玉的后妃宫眷们，如今落难荒郊，一个个惶恐忧愁，容颜憔悴。

咸丰看着这支逃难的队伍，回头南望京城，不禁以泪洗面，痛不欲生。

营建了一个半世纪的圆明园，是世界上最大的建筑式与风景式交融的"离宫型皇家园林"。它既有北国之古风，江南之秀韵，更兼备中西庭园合璧的风采。其中，不仅有无数的殿阁楼台，桥廊水榭，而且珍藏着数不尽的孤本秘籍，名人字画，鼎彝礼器，金珠珍品，铜铁古玩等中华至宝。它曾是历朝清帝避喧听政，颐享天年的场所，也是咸丰皇帝诞生的摇篮，还有"九州清曼"的"同道堂"更是道光皇帝书名定位，托付社稷江山的地方。

联军焚掠圆明园的噩耗传到热河后，一种无以言状的愤恨使咸丰帝几乎站立不住，他似乎觉得自己竭力支撑的这个"天"已然塌下来了，亡国一样的奇耻大辱吞噬着他的心灵，虚弱已极的年轻皇帝经不住这突然的打击，立时口吐鲜血，旧病复发。

自幼熟读历代典籍的咸丰并不是不知道，圣驾久离京城的危险性，也不是一心贪恋山庄的风景和女色。作为一国之主，他何尝不想及早回銮，以定人心。但咸丰对洋人的猜忌实在是太深了，尤其是对英、法侵略者有着不共戴天的仇恨。所以尽管在战场上他失败了，被迫接受城下之盟，但他始终不愿意放下万乘之尊的架子，与外使同居一城，更无法接受

咸丰皇帝像

一个远方蛮夷的所谓"国书"。

在这种心理障碍之下，当留京王大臣等合词恳请他早日还宫，以定人心时，咸丰直言相告：虽然英、法退兵，但各国夷蛮尚有驻京者，亲递国书一节，既未与该夷言明，难保不因朕回京，再来饶舌。诸事既未妥协，假使率意回銮，夷人又来挟制，朕必将去而复返，于事体诸多不协，但恐京师人心震动，更有甚于八月初八日之举。最后咸丰决定，本年暂缓回京，候夷务大定，再将回。最后又特意加一句，本年回京之举，该王大臣等不准再行奏请。干脆把留京王大臣们的嘴给堵住了。

咸丰的决定，不仅得到随行王大臣肃顺等人的积极支持，也为他们左右皇帝，排除异己创造了条件。

推迟回銮

热河避暑山庄原有离宫二百余所，完好无损者尚有七十余所，又多藏梨园行头，其精致华美甚至胜于京师南府。和约签订以后，肃顺等人为宽慰病弱烦闷的咸丰皇帝，知他酷爱京剧，便召升平署人员分批到热河承差。

几乎隔两三天即演一次戏，每次戏目、角色均由朱笔决定，有时上午已花唱，仍"传旨今日晌午，还要清唱"。除观剧外，避暑山庄距围场不远，咸丰又时常游猎打围。然而，深秋塞外，水冷风寒，已病入膏肓的咸丰皇帝，怎能与当年盘马弯弓，纵横驰骋的康熙大帝相比。所以，娱情不久，第二年初春，咸丰的病情再一次反复。

原来，咸丰十一年正月初二，咸丰即诏定二月十三日回銮。其后又规定了回銮后详细的行程安排。这边京城留守的王公大臣们都翘首以盼，他们希望皇帝尽快还宫，一来人心大定，二来可以使咸丰早日摆脱肃顺等人的左右。但让他们失望的是，届时皇帝并没有动静。二月中旬，法国公使布尔布隆和英国公使普鲁斯相继进驻北京。接着，二月二十二日传来上谕：朕躬尚未大安，诸王大臣请暂缓回銮，不得已勉从所请，秋间再降谕旨。

咸丰一再推迟回銮的举措，激起了留京王大臣的强烈不满，他们纷纷具折痛弹劾瑞华、肃顺等人"谓銮舆未还皆其荧惑"，而肃顺等人则针锋相对，攻击留守京师的王大臣一再吁请回銮，是挟制朝廷，并中伤恭亲王奕䜣借助洋人势力，欲图谋反。京师与热河，以奕䜣和肃顺为首的两派斗争愈演愈烈。

痨病晚期

此时咸丰剧咳不止，红痰时见，他的痨病已到晚期，但英、法公使驻京，亲递国书等项仍未议妥，所以咸丰执意不肯回京。这正如史学家孟森所言，咸丰以与外使同居一城为耻，他是"宁以社稷为殉，不使夷虏踪迹相沾，得正而毙，虽败犹荣"，是一个至死不渝的封建卫道士。所以当与洋人关系日趋密切的恭亲王欲赴行在看望他的时候，咸丰十分反感，立时提笔拒绝，连辅佐奕䜣办理洋务的文祥亦特谕不必前来。

咸丰十一年七月十七日寅时，1861 年 8 月 22 日凌晨，清朝第七代皇帝咸丰病逝于承德避暑山庄烟波致爽殿，卒年三十一岁。成为在西方资本主义大潮的冲击之下，中国封建帝王中唯一一位客死异地的君主。

图书在版编目（ＣＩＰ）数据

历史上的离奇迷案 / 王晶编著. -- 长春：吉林出
版集团股份有限公司，2014.10
（历史的天空 / 张帆主编）
ISBN 978-7-5534-5656-0

Ⅰ. ①历… Ⅱ. ①王… Ⅲ. ①世界史－少儿读物
Ⅳ. ①K109

中国版本图书馆 CIP 数据核字(2014)第 221386 号

历史的天空（彩图版）
历史上的离奇迷案 Lishi shang de Liqi Mi'an

作　　者　王　晶
出 版 人　吴　强
责任编辑　陈佩雄
开　　本　710mm×1 000mm　　1/16
字　　数　150 千字
印　　张　10
版　　次　2014 年 10 月第 1 版
印　　次　2021 年 11 月第 3 次印刷
出　　版　吉林出版集团股份有限公司
发　　行　吉林音像出版社有限责任公司
　　　　　吉林北方卡通漫画有限责任公司
地　　址　长春市福祉大路 5788 号
发　　行　0431-81629667
印　　刷　鸿鹄（唐山）印务有限公司
ISBN 978-7-5534-5656-0　　定价：45.00 元